Bausysteme von
Construction Systems by
Sistemi Costruttivi di

Angelo Mangiarotti

Herausgegeben von / edited by / a cura di
Thomas Herzog

Mit freundlicher Unterstützung
Fachabteilung Beton- und Fertigteilwerke
im Bayerischen Industrieverband Steine und Erden und
Bayernzement, München.

Herausgeber
Thomas Herzog

Bearbeitung, Redaktion und graphische Gestaltung
Roland Krippner und
George Frazzica

Übersetzungen
Englisch: Peter Green
Italienisch: George Frazzica

Herausgeber und Redaktion bedanken sich bei
Anneliese Theis, Richard Horden, Ralf Landauer,
Winfried Nerdinger, Manuel Voss, Rainer Wittenborn,
Wolfgang Zauner

Verlag Das Beispiel GmbH
Spreestraße 9
D-64295 Darmstadt
Telefon (06151) 33557
Telefax (06151) 313089

© 1998
Lehrstuhl für Entwerfen und Baukonstruktion II
Technische Universität München

ISBN 3-923974-76-0

Inhalt / Contents / Indice

Thomas Herzog
Anmerkungen zu / Notes on /
Annotazioni su Angelo Mangiarotti   5

Angelo Mangiarotti
Architektur heute / Architecture today /
Architettura oggi   11

Projekte / Projects / Progetti

Bausysteme von / Construction systems
by / Sistemi costruttivi di Angelo Mangiarotti   19

Architektur und Design / Architecture and
design / Architettura e Design   26

Kirche / Church / Chiesa
Mater Misericordiae
Baranzate, Milano (1957)   29

Bausystem / Construction system /
Sistema costruttivo Facep
Gewerbebau / Commercial building / Edificio
industriale Elmag
Lissone (1964)   35

Bausystem / Construction system /
Sistema costruttivo
U 70 Isocell
Gewerbebau / Commercial building / Edificio
industriale Lema
Alzate Brianza, Como (1969)   43

Mehrzweck-Bausystem / Multi-purpose
construction system / Sistema costruttivo
pluriuso Briona 72
Ausstellungsraum / Showrooms / Edificio
espositivo Feg
Giussano, Milano (1977)   53

Bausystem / Construction system /
Sistema costruttivo Facep
Ausstellungsraum und Werkhalle / Showrooms and workshop / Edificio industriale
ed esposizione Verona Car
Bussolengo, Verona (1976)   59

Wohnhäuser in Teilvorfertigung / Housing in a
partially prefabricated form of construction /
Edifici residenziali
parzialmente prefabbricati
Monza (1972); Arosio, Como (1977)   67

Anhang / Appendix / Appendice

Lehrtätigkeiten / Teaching activities /
Attività didattica   71

Preise / Prizes and awards / Premi   71

Ausstellungen / Exhibitions / Mostre   72

Werkverzeichnis / List of works /
Catalogo delle opere   72

Schriften von / Publications by / Scritti
di Angelo Mangiarotti   76

Veröffentlichungen über / Publications about /
Pubblicazioni su Angelo Mangiarotti   76

Literaturquellen / Bibliography / Note
bibliografiche al testo   80

Abbildungsnachweis / Photo credits /
Referenze fotografiche   80

Thomas Herzog
Anmerkungen zu / Notes on / Annotazioni su Angelo Mangiarotti

Angelo Mangiarotti wurde 1921 in Mailand geboren, studierte Architektur an der Technischen Hochschule bis zu seiner Promotion 1948. 1953 und 1954 war er Visiting Professor am Illinois Institute of Technology in Chicago, traf dort mit F. L. Wright zusammen, kannte gut Walter Gropius, Mies van der Rohe und Konrad Wachsmann.
Seit 1955 betreibt er ein Architekturbüro in Mailand - zunächst gemeinsam mit Bruno Morassutti (bis 1960), dann allein. Er entwirft, entwickelt, gestaltet allenthalben in der Welt der Dinge. Nichts - kann man sagen - ist vor ihm sicher, keine Aufgabe, kein Material, keine Technologie. Das Resultat: Kirche und Kühlschrank, Lampen, Skulpturen, Vasen und Wohnbauten, Tische - unglaublich schöne Tische. Ein ganzes Buch gibt es über seine Glasobjekte. Unzählige Keramiken und Marmorobjekte hat er geformt, viele Lampen, Becher, Gefäße, Stühle und Geschirr, Blechdächer, mobile Innenwände und Ketten, Kleinigkeiten für die Hände und vorgespannte Tragwerke, Industriebauten, zwei neue Bahnhöfe in Mailand ... insgesamt Gestaltungsarbeit, die alles, was dem Gebrauch dient, was zum Ertrag der "nützlichen Künste" zählt, erfaßt und in durchgängiger Handhabung definiert.
Es gibt etliche Monographien über diesen Teil der Arbeit Mangiarottis - es ist aber bis dato keine einzige in einem deutschen Verlag erschienen. Er trifft, wenn er unterwegs ist, das Resultat seiner Arbeit - seine eigenen Produkte - oft unverhofft und in überraschenden Situationen auf der ganzen Welt.
Es ist bemerkenswert, daß in Italien erst in den letzten Jahren einige Schulen entstanden sind, wo Produkt-Design als Einzeldisziplin gelehrt wird. Ausgerechnet in dem neben Japan hierfür weltweit bedeutendsten Land war diese Ausbildung traditionellerweise immer Teil des Architekten-Studiums in Form eines entsprechenden Schwerpunktes.
Angelo Mangiarotti ist aber vor allem Architekt. Einer, der ganz früh verstanden hat, daß die Produktionsbedingungen

Angelo Mangiarotti was born in 1921 in Milan. He studied architecture at the Politecnico in that city and obtained his doctorate there in 1948. From 1953 to 1954, he was visiting professor at the Illinois Institute of Technology in Chicago, where he met Frank Lloyd Wright. He was also well acquainted with Walter Gropius, Mies van der Rohe and Konrad Wachsmann.
Since 1955, Mangiarotti has had his own architectural practice in Milan, initially - until 1960 - in partnership with Bruno Morassutti; subsequently alone. He designs, develops and creates all manner of objects. Nothing, one might say, is safe from him - no assignment, no material, no technology. Churches and refrigerators, lamps and sculptures, vases, housing and tables - incredibly beautiful tables - all belong to his realm of activities. There is a book devoted entirely to his glass objects, and he has created innumerable ceramics and works in marble. He has designed large numbers of lamps, beakers, vessels, chairs and crockery, but also sheet metal roofs, mobile partitions and chains, little things for the hands, as well as prestressed structures, industrial buildings and two new stations in Milan. In other words, his design work embraces and defines, in a universally valid form, everything that serves a useful purpose, everything that might be described as belonging to the "practical arts".
Several monographs have appeared on this aspect of Mangiarotti's work, none of which, unfortunately, has found a German publisher to date. Throughout the world, he is constantly encountering the fruits of his labour - his own products - often unexpectedly and in surprising situations.
It is remarkable that only in the last few years have a number of schools been established in Italy where product design is taught as a discipline in its own right. In Italy of all places, which, alongside Japan, always led the international field in product design, this training has traditionally been no more than a

Angelo Mangiarotti è nato a Milano nel 1921, ha studiato architettura al Politecnico e ha conseguito la laurea nel 1948. Tra il 1953 e il 1954 è stato Visiting Professor presso l'Illinois Institute of Technology di Chicago dove ha incontrato F. L. Wright e ha avuto modo di conoscere bene Gropius, Mies van der Rohe e Konrad Wachsmann.
Nel 1955 ha aperto a Milano uno studio di architettura, condotto in un primo tempo in collaborazione con Bruno Morassutti (fino al 1960) e poi da solo. Egli progetta, sviluppa e dà forma in ogni ambito del mondo delle cose. Si può ben dire che non c`è niente di prestabilito, nessun compito, nessun materiale, nessuna tecnologia. Il risultato: chiesa, frigorifero, lampade, sculture, vasi e abitazioni, tavoli - tavoli incredibilmente belli. Esiste un intero libro che documenta i suoi oggetti in cristallo. Egli ha creato innumerevoli oggetti in ceramica e marmo, molte lampade, bicchieri, recipienti, sedie e stoviglie tettoie metalliche, pareti mobili e catene di vetro piccoli oggetti a portata di mano e strutture precompresse, edifici industriali, due nuove stazioni ferroviarie a Milano ... complessivamente un lavoro sulle forme che comprende e definisce universalmente tutto ciò che serve all'uso e fa parte dell' "arte utile".
Esistono diverse monografie che documentano questa parte dell'opera di Angelo Mangiarotti - purtroppo fino ad oggi nessuna di queste pubblicata presso un editore tedesco. Quando Mangiarotti si muove, gli capita di incontrare in giro per il mondo a volte in modo inaspettato e in situazioni sorprendenti, il risultato del suo lavoro - cioé i suoi oggetti.
E´ importante considerare che in Italia negli ultimi anni sono sorte delle scuole dove il design industriale viene insegnato come corso di laurea. Proprio in quel paese che insieme con il Giappone primeggia in questo campo e dove questa materia di studio ha sempre fatto tradizionalmente parte del corso di laurea in architettura sotto forma di specializzazione.

der instrustriellen Welt eine neue Basis für Gestaltungsarbeit darstellen. Was entsteht daraus? Ich will versuchen, dem kurz nachzugehen.

Da ist zunächst sein steter Drang, an Formen zu arbeiten, Werkzeug und auch Maschinen einzusetzen als die Verlängerung der eigenen Hand, die sich selbst plastisch formend an Modellen, vor allem aber skizzierend - übrigens mit unglaublicher Geschwindigkeit skizzierend - betätigt. So wird dann jede Weiterentwicklung der Technik auch zur Erweiterung der eigenen Möglichkeiten und damit zur Chance für den nächsten Schritt und den nächsten Erfolg und weiter zum Stimulans für das Experiment, auszuloten, wo das Gestaltungspotential und wo mögliche Funktionen und Anwendungsfälle liegen können. Der Motor hierzu ist die Faszination, zu kreieren, die sinnliche Lust am Machen, noch gesteigert durch die Herausforderung aus den Zwängen, welche die Technik vorgibt.

Eindringliches Beispiel hierfür sind Mangiarottis Arbeiten in Stahlbeton. Unterzieht man sich ihrem Studium, so macht man sich klar, wie es ihm beispielsweise gelingt, die Teile des Tragwerks für eine ökonomische Fertigung in handliche Teile zu elementieren, jeden Stoß und Anschlußpunkt zu einem ausdrucksstarken, schönen Detail werden zu lassen, Dachelemente mit Lichtöffnungen zu kombinieren, Fassaden und Installationsführungen zu strukturellen, geometrisch durchgängig koordinierten Bestandteilen der baulichen Ordnung werden zu lassen.

Aus Stahlbeton-Fertigteilen hergestellte Bauten sehen bei uns oft aus, als wären sie die vielfache Vergrößerung von primitiven Kartonmodellen, was kulminiert in der stupiden Monotonie der gelegentlich stadtteilgroßen Plattenbau-Siedlungen. Verständlich, daß sich in den vergangenen Jahren die hierzu entstandene Antipathie der Allgemeinheit auch auf den Werkstoff Beton, woraus diese Bauten im wesentlichen bestehen, übertrug.

Mangiarottis Arbeiten aber zeigen das Gegenteil. Sie machen das gestalterische Potential sichtbar, welches in einem gießbaren, also frei formbaren Material steckt, wenn es in die Hand eines Meisters gerät, für dessen Arbeit die souveräne Beherrschung der Technik zwar unabdingbare Voraussetzung ist, für den dies aber keineswegs ausreicht, um den architektonischen Gegenstand zu bestimmen.

special area of architectural studies. Angelo Mangiarotti is, however, first and foremost an architect, an architect who understood at an early stage that the conditions of production prevailing in the industrial world represent a new basis for design work. What was the outcome of this? I shall attempt to give a brief outline. Firstly, there is Mangiarotti's constant urge to develop forms, to use tools and even machines as an extension of his own hands, which work in a variety of ways - modelling sculpturally, but above all sketching with astonishing facility. Every extension of technology, therefore, becomes an extension of his own means of working and thus presents an opportunity for proceeding to the next stage of development and the next success. Furthermore, it stimulates experimentation: discovering where the greatest design potential, where possible functions and applications might lie. The driving force behind all this is the sheer fascination of creating something, a sensuous pleasure in doing things, heightened by the constraints that technology imposes. Mangiarotti's work in reinforced concrete provides a striking example of this. A study of his projects reveals how he succeeds in dividing a load-bearing structure into elements that can be economically prefabricated in handy units. One sees how each junction and connection is turned into an expressive, beautiful detail: combining roof elements with window openings, or turning façades and service runs into structural components that are geometrically coordinated within an overall constructional order.

Buildings assembled from precast concrete elements often look like primitive cardboard models blown up to a huge scale, and they can culminate in the senseless monotony of those estates of precast slab blocks that sometimes extend over entire districts of a town. It is understandable, therefore, that over the years, the antipathy of the general public has been directed against concrete as a material - the material in which these developments were largely built. Mangiarotti's work demonstrates the very opposite of this. It reveals the design potential of a cast material that, in the hands of a master, can be freely moulded. This, of course, presupposes that the designer has a complete command of the technology, although this alone is not sufficient in determining the form of an architectural object.

Angelo Mangiarotti prima di tutto è però un architetto. Uno di quelli che hanno capito con grande anticipo che i sistemi produttivi dell'industria creano nuove basi per lo studio delle forme. Con quali risultati? Vorrei provare a seguirne brevemente il percorso.

Innanzitutto c´è l'impulso costante a lavorare sulle forme usando utensili e macchine quali continuità della propria mano, la quale si cimenta essa stessa sui modelli lavorandoli plasticamente, sopratutto però facendo dei rapidi schizzi sulla carta - d'altronde con mano incredibilmente veloce. In questo modo ogni progresso della tecnologia si traduce in crescita delle proprie capacità e ampliamento delle possibilità di scelta per il prossimo progetto e il prossimo successo; come ulteriore stimolo a sperimentare là dove c`è potenziale figurativo, dove stanno funzionalità e possibilità di utilizzo. Il motore di questa ricerca è dato dal fascino dell'essere creativi, dal piacere mentale di fare, potenziati dai vincoli che la tecnologia pone.

Esemplificative in questo senso sono le opere in cemento armato di Mangiarotti. Se proviamo ad analizzarle è subito evidente come egli riesca a scomporre la struttura portante in componenti maneggevoli, economicamente realizzabili e sopratutto come riesca a fare in modo che ogni giunto e ogni punto di attacco seguano una propria evoluzione verso il dettaglio elegante ed espressivo. Egli lascia che gli elementi di copertura si combinino con le aperture dei lucernari, che le facciate e il percorso degli impianti divengano elementi dell'ordine costruttivo integrati e coordinati geometricamente e strutturalmente.

Gli edifici qui da noi realizzati con componenti prefabbricati in cemento armato hanno spesso l'aspetto di rozzi modellini di cartone ingranditi di scala, effetto che culmina nella stupida monotonia di certi insediamenti prefabbricati grandi come quartieri. Diviene così comprensibile il motivo per cui negli anni passati il grosso pubblico abbia tradotto la manifesta antipatia verso questi edifici in antipatia verso il cemento in quanto tale. Le opere di Mangiarotti invece sono là a dimostrare il contrario. Portano alla luce il potenziale espressivo che si cela in un materiale colabile, la sua capacità di prendere ogni forma quando è nelle mani di un maestro. Un maestro per il quale il controllo della tecnica esecutiva è, a dire il vero, condizione necessaria ma in nessun caso sufficiente per la de-

Lagerhalle für Eisenwaren / Warehouse for iron products / Deposito per materiali ferrosi, Padova (1958)
mit / with / con Bruno Morassutti

Sowohl intime Kenntnis aller Einzelheiten im Produktionsprozeß der (meist vorgespannten) großen Bauteile, Material- und Schalungstechniken eingeschlossen, wie auch die Durchgängigkeit komplexer Raster, die sukzessive entwickelt werden mußten, sowie neue originäre Lösungen für den Zusammenbau der Teile sind erkennbar. Aber es zeigt sich auch - da die Verbindungen ästhetisch-offensiv als "plastische Markierungen" der baulichen Erscheinungen ausgeformt sind -, daß großes gestalterisches Können hinzukommen muß.
Der heutzutage infolge des gestalterischen Mißbrauchs umstrittene Werkstoff Beton wird in seinen Händen und unter der Kontrolle seiner sensiblen Wahrnehmung in Verbindung mit hochentwickeltem kritischen Intellekt zu baukünstlerischen Hochleistungen gebracht. Durch Guß formbares Material wird nicht - wie dies gelegentlich bei Fassaden aus Stahlbeton geschieht - das Mittel zu fragwürdigen Dekorationen. Stattdessen werden große Bauteile zu "Leistungsformen" mit hohem Ausdruckswert - das große Faszinosum in Mangiarottis Gebäuden. Spannung zeigt sich da in der Figürlichkeit der Bauteile, gelungene noble Proportionen, Maßstab.
Plötzlich kehren sich die Dinge um: Der vermeintlich so sehr von technischen Bedingungen bestimmte Beton, das schwere, kalte, graue, unfreundliche Material wird zur idealen, weil in allen Dimensionen frei bestimmbaren Voraussetzung für wunderschöne, elegante Bauteile, die als skulpturale Gebilde mit perfekten Oberflächen und Übergängen zu baulichen Systemen mit durchgängiger Logik ausgeformt sind.
Angelo Mangiarotti lehrt uns, daß archi-

In Mangiarotti's work, one can discern an intimate knowledge of all aspects of the production of large, and usually prestressed, building components, including formwork techniques and materials. One can recognize the universal use of complex grids, which had to be developed in a series of stages; and one can identify new and original solutions for the assembly of the parts. It is also evident that tremendous design ability has gone into the creation of these elements, since the connections are formed in an aesthetically dynamic manner that makes them "sculptural markings" in the physiognomy of a building.
In Mangiarotti's hands, and given his sensitivity, perception and highly developed critical intellect, the use of concrete - which has today become such a controversial material as a result of its abuse in so much design work - can result in architectural achievements of the highest order. For him, a material that can be cast in various forms is not a means of creating dubious decorative details, as it sometimes is when used in reinforced concrete façades. In his hands, large-scale constructional elements become functional forms with a highly expressive content. That is one of the most fascinating aspects of Mangiarotti's buildings. Their excitement and drama reveal themselves in the figurative nature of the constructional elements, in the convincing, noble proportions and in the scale.
Suddenly, then, everything is reversed. Concrete, the material that is apparently so dependent on technical conditions, the heavy, cold, grey, unfriendly material, becomes an ideal medium, freely controllable in all its dimensions and

terminazione dell'oggetto architettonico. Si percepisce sia il bagaglio di intime e dettagliate conoscenze del processo produttivo dei grandi componenti (in maggior parte precompressi), compresa la tecnologia del materiale e la tecnica di formatura, sia la permeabilità del complesso reticolo geometrico successivamente sviluppato, come anche le nuove originarie soluzioni di giustapposizione dei componenti. I giunti inoltre, quali "segnali plastici" hanno connotazioni esteticamente aggressive e questo evidenzia quanto sia necessario il contributo di una grande capacità creativa.
Il cemento, oggi così discusso a causa dell'abuso decorativo che se ne fa, nelle sue mani e sotto il controllo della sua sensibile percezione, unita ad un profondo senso critico, si eleva ad altissime prestazioni di arte edificatoria. Un materiale sciolto che assume la forma dello stampo in cui viene colato non diventa pretesto per dubbie decorazioni. Accade invece che i grandi componenti dell'edificio abbiano forme ottimizzate e di alto valore espressivo. Nella cui figura, scala e proporzione la tensione è palpabile.
Improvvisamente la situazione è come ribaltata: il cemento che si presume essere così rigidamente determinato da fattori legati alla tecnologia; il pesante, freddo, grigio, ostile materiale si rivela l'ideale premessa per creare componenti edilizi raffinati ed eleganti, in quanto liberamente definibile in ogni dimensione. Componenti che si lasciano plasmare come sculture con giunti e superfici perfette, tendendo a sistemi costruttivi dotati di una logica universale.
Angelo Mangiarotti ci dimostra che é possibile pretendere qualità architettonica anche nelle così trascurate aree in-

tektonische Qualität gerade in den so vernachlässigten gewerblichen Gebieten möglich ist; dort, wo heutige Städte einen baukulturellen "Schmutzring" absondern - feiner gesagt, einen für die Randgemeinden profitablen "Speckgürtel" haben -, und wo die allgemeine Haltung herrscht, daß gewerbliche Arbeit - Entwicklung, Produktion, Lager, Vertrieb (alles Orte, wo Menschen sich einen Großteil ihres Lebens aufhalten) - mit baulicher Kultur nichts zu tun hat; wo man möglichst einfach möglichst schnell (gewissermaßen als Vorgabe) gut Geld verdienen muß, um damit dann möglichst oft möglichst weit wegfahren zu können; bevorzugt dorthin, wo nicht Bauten Umwelt zerstört haben - als Kompensation sozusagen. Welche Absurdität.

Zu derlei Niedergang zeigen Mangiarottis Produktions- und Lagerhallen - seit er die ersten vor 35 Jahren als vorgefertigte Systeme realisierte - überzeugende Alternativen.

Zwar lehrte Angelo Mangiarotti als Gastprofessor und Vortragender weltweit. Doch nahm und nimmt er besonderen Einfluß durch das Beispiel seiner Bauten, an denen nichts Mystisches ist, nichts Willkürliches, die nichts von einer künstlich stilisierten Individualität - weder als Bauwerk noch als Hinweis auf ihren Schöpfer - an sich haben; die zeigen, wie sehr er die Baugeschichte studiert und selbst daraus Lehren gezogen hat und dies in Objekte umsetzt, die gleichwohl ohne jede stilistische Annäherung an historische Beispiele bleiben. Sie sind lesbar und bis in die Einzelheiten von Konstruktion und Technologie verständlich.

Man sieht: Mangiarotti ist alles andere als ein Techniker. Er benutzt zwar Tech-

Lagerhalle / Warehouse / Deposito industriale Mestre, Venezia (1962)

thus providing the conditions for the creation of wonderful, elegant building components that can be shaped as sculptural objects with perfect surfaces and transitions to form constructional systems informed by a systematic logic. Angelo Mangiarotti shows us that architectural quality is possible in neglected commercial areas, where modern cities excrete their "ring of dirt" - in terms of building culture - or, to express it more elegantly, where their profitable excess fat reveals itself. These are places where, according to popular opinion, commercial work - development, production, storage, marketing, in which people spend a large part of their lives - has nothing to do with building culture. They are locations where people simply wish to earn as much as possible as quickly as possible and get away as often and as far as possible - preferably to places where buildings have not destroyed the environment - as some kind of compensation. How absurd!

Since he created his first prefabricated systems more than 35 years ago, Angelo Mangiarotti has presented convincing alternatives to this process of decline in the form of his production halls and warehouses.

He has taught as a visiting professor and lecturer throughout the world; but he has exerted and continues to exert a special influence through the examples of his buildings, in which there is nothing mystical, nothing arbitrary, which have no artificially stylized individuality about them, neither as buildings nor as references to their author. They show how closely he has studied the history of building, drawn his own insights from it and translated these into real objects, which nevertheless remain without any stylistic borrowings from historical examples. They are legible and comprehensible down to the individual details of the construction and the technology.

As one sees, Mangiarotti is anything but a technician. He employs state-of-the-art technology, but the co-ordinates that determine his own position as an architect are derived from a constant examination of social reality, from a study of events and circumstances - not on an operational level, but from a humanistic view of the world based on the philosophy of the Enlightenment.

He resolutely demonstrates where the aberration of so-called postmodernism lies. The incisiveness of his arguments against what he identifies under this heading, his occasionally blunt polemic,

dustriali. Le città di oggi, in termini di cultura del costruire, secernono, per così dire, un cuscinetto di sporcizia o più esattamente, in termini di profitto, "una cintura di lardo" nella quale vige la convinzione generale che i luoghi del processo industriale - sviluppo, produzione, deposito e distribuzione - (dove le persone trascorrono gran parte del loro tempo) non abbiano niente a che fare con la cultura del costruire; e che siano semplicemente luoghi dove nel modo più semplice e rapido possibile si deve guadagnare (con profitto) del denaro con il quale potersene andare appena possibile, trovando rifugio là dove il costruito non abbia rovinato l'ambiente - a mò di ricompensa. Che assurdità.

Gli edifici industriali di Mangiarotti - dal giorno in cui 35 anni fa egli ha cominciato a realizzare sistemi di componenti prefabbricati - propongono un'alternativa a tale decadenza.

A dir il vero Angelo Mangiarotti ha portato in giro per il mondo la sua lezione sia come relatore sia come visiting professor. Tuttavia sono le sue realizzazioni che danno e continuano a dare la lezione più esemplificativa. Costruzioni che non hanno nulla di mistico, di arbitrario, che non contengono nessun riferimento ad una individualità artificialmente stilizzata, nè in quanto edifici nè tantomeno come rimandi alla personalità che li ha creati; opere che dimostrano la cura con cui egli si è dedicato allo studio della storia delle costruzioni da cui ha tratto una lezione che egli stesso traduce in corpi, che nondimeno si astengono da ogni avvicinamento stilistico agli esempi storici. Le sue opere sono leggibili e comprensibili costruttivamente e tecnologicamente fin nel dettaglio.

Si vede: Mangiarotti è tutt'altro che un tecnico. È vero che usa la tecnologia più attuale, ma riferisce le coordinate della propria posizione di architetto al continuo procedimento di revisione della realtà sociale, alla riflessione sui presupposti - non solo sul piano pratico, ma anche osservando il mondo dal punto di vista umanistico, in linea con la posizione filosofica degli illuministi.

Egli svela in maniera rigorosa, su quali basi si fonda lo sviluppo non corretto del cosidetto Postmodern. L'acutezza delle sue argomentazioni contro tutto ciò che egli definisce come tale e la sua occasionale accesa polemica sono talmente lontane da qualsivoglia opportunismo che non c'è da meravigliarsi se quegli opinionisti attenti solo ed esclusi-

nologie auf ihrem Letztstand, bezieht aber die Koordinaten für seine eigene Position als Architekt aus dem andauernden Vorgang des Überprüfens der gesellschaftlichen Realität, dem Reflektieren der Gegebenheiten - nicht auf operationaler Ebene, sondern aus einer humanistischen Sicht der Welt gemäß der philosophischen Position der Aufklärung.

Rigoros zeigt er auf, worin die Fehlentwicklung der sog. Postmoderne begründet ist. Die Schärfe seiner Argumentation gegen das, was er als solche ausmacht, ja seine gelegentlich harte Polemik, ist so weit von jedem Opportunitätsdenken entfernt, daß es nicht verwundert, daß nur an Stilistik orientierte Meinungsmacher auf dem Feld der architektonischen Unterhaltungswerte den auch durch die Wucht seiner realisierten Bauten so unbequemen Charakter des Mailänder Architekten über Jahre hin bemüht waren aus der Diskussion zu nehmen. Dies gelang allerdings nur für kurze Zeit, denn nicht nur die Steine sprechen - saxa loquuntur, wie man im alten Rom meinte -, sondern es übermitteln auch von Menschen gemachte architektonische Objekte des industriellen Zeitalters ihre Botschaft im öffentlichen Raum; und dies ist die Botschaft der Moderne. Wer selbst bauliche Produkte und Systeme entwickeln will, hat den großen Fundus der Lebensleistung des Architekten Mangiarotti als Studienobjekt. Meine eigene Generation hat in ihm einen ihrer großen Lehrmeister, dem sie viel verdankt.

Daß er selbst gelegentlich gegen die starkultartige, überzogene Verehrung gegenüber den vorangegangenen Meistern der eigenen Zunft opponiert, soll nicht deren Leistung schmälern, sondern zuvorderst jungen Leuten Mut machen, ihr eigenes analytisches und kreatives Potential für die große und schöne Aufgabe der Gestaltung einer humanen Umwelt vorurteilsfrei einzusetzen.

Die unvergleichliche Kultur Italiens im Bereich von Architektur und Produktdesign verbunden mit sinnlicher Neugier und Meisterschaft im Bereich des technischen Könnens findet sich in einzigartiger Mischung in der komplexen Persönlichkeit Angelo Mangiarottis.

Entwurf für die / Project for / Progetto per la "Fiera internazionale Padova" (1975)

are far removed from any opportunism. Not surprisingly, therefore, for years, the opinion-makers in the field of architectural entertainment, who are interested solely in matters of style, were intent on keeping an uncomfortable personality like the architect from Milan, who had created such powerful buildings, out of all discussions. They succeeded in this for only a short time, however. Not only do the stones speak - saxa loquuntur, as they said in ancient Rome - but the man-made architectural objects of the industrial age proclaim their message in the public realm; and it is the message of modernism.

Anyone interested in developing building products and systems has an immense wealth of resources and a great range of study objects at his disposal: the life's work of the architect Angelo Mangiarotti. In him, my own generation has found one of its great mentors, to whom it is deeply indebted.

The fact that he sometimes challenges the exaggerated, star-cult-like veneration shown towards past masters of his own profession should not be allowed to diminish his achievement. Above all, it should encourage young people to apply their own analytical and creative powers in an unbiased manner to the great and wonderful task of designing a humane environment.

The incomparable culture of Italy in the realms of architecture and product design, and a sensuous curiosity and mastery of technical skills are uniquely combined in Angelo Mangiarotti's complex personality.

vamente ai problemi di stile, per anni si siano adoperati per escluderlo dal dibattito architettonico. Si sono sopratutto preoccupati di nascondere il carattere scomodo dell'architetto milanese, carattere che si manifesta anche e non da ultimo attraverso la forza dei suoi edifici. Questo gioco tuttavia è riuscito solo per poco tempo, giacchè non sono solo le pietre a parlare - saxa loquuntur, come si diceva nella Roma antica-, ma anche gli oggetti architettonici prodotti dall'uomo nell'era industriale diffondono nello spazio comune un messaggio; il messaggio del Moderno.

È dovere di chi si accinge a sviluppare sistemi e prodotti per l'edilizia, studiare il grande inventario dell'opera di una vita dell'architetto Angelo Mangiarotti. La mia generazione trova in lui uno dei suoi grandi maestri e gli esprime grande riconoscenza.

Che egli stesso occasionalmente si opponga al culto della personalità, alla venerazione nei confronti dei Maestri del passato del suo stesso mestiere non serve a sminuire i loro meriti, ma innanzitutto a incoraggiare i giovani ad impegnare il proprio potenziale analitico e creativo nella grande, affascinante impresa di progettare senza pregiudizi un ambiente umano.

L' incomparabile cultura dell'Italia nel campo dell'architettura e del design dei prodotti combinata con la curiosità intellettuale e la maestria nel campo delle conoscenze tecnologiche sono l'originale caratteristica della complessa personalità di Angelo Mangiarotti.

Angelo Mangiarotti
Architektur heute / Architecture today / Architettura oggi

Die Situation der heutigen Architektur erinnert uns in mancher Weise an die Krise, die im ausgehenden 19. Jahrhundert die europäische Kunst erschüttert hat. Damals schien es nicht möglich, neue Anstöße zu finden, um über die Grenzen der neoklassizistischen und eklektizistischen Architektur hinauszugehen. Das Unbehagen, entstanden aus der Unmöglichkeit einer Erneuerung, das nur aus der neuen historischen, philosophischen und ökonomischen, gewiß nicht künstlerischen Wirklichkeit heraus überwunden werden konnte, fand seinen deutlichsten Ausdruck bereits bei Hegel. In seiner These vom Vergangenheitscharakter der Kunst zeigt er anhand eines philosophischen Konzepts einen Weg, zur Überwindung des Stillstands in der romantischen, schönen Kunst auf.

Im März 1980 hatte ich, anläßlich der Vorstellung des Buches von Enrico D. Bona in der Mailänder Galerie Lorenzelli, ein 10 m langes Manifest vorbereitet, in dem ich meine Position zur Architektur erläuterte. An einer Stelle des Manifestes war zu lesen: "Die Krise der Architektur ist vor allem eine Krise des Denkens."

Insbesondere wir müssen uns heute anstrengen, ein Mittel gegen den Mangel, der seit Jahrhunderten das architektonische Denken charakterisiert, zu finden. Vergleichen wir z.B. zwei, in ihrem Kontext sehr unterschiedliche Begriffsbestimmungen, was Architektur ist oder was sie sein sollte, die eine von einem Architekten und die andere von einem Philosophen formuliert.

Adolf Loos definiert den Architekten als "einen Maurer, der Latein gelernt hat", während Heidegger feststellt, daß der Architekt derjenige ist, "der eine Vorstellung in ein Konzept umwandelt."

Adolf Loos ist ein Architekt, der zu recht als Säule der architektonischen Kultur betrachtet wird, und doch hat seine Definition nichts mit der Komplexität und den weitreichenden Folgerungen Heideggers gemeinsam. Der Unterschied ist enorm und ein Vergleich nicht mög-

In some respects, the situation of architecture today recalls the crisis that shook European art at the end of the 19th century. At that time, it seemed impossible to find new impulses to escape the limitations of neoclassical and eclectic forms of architecture. This malaise was caused by the failure to find a means of self-renewal; and it could be overcome only through the new historical, philosophical and economic - but certainly not artistic - reality that was manifesting itself at that time. This malaise was most clearly articulated by Hegel. In his theory of the death of art, he presents a philosophical concept that indicates a way out of the state of stagnation that characterized Romantic fine art.

In March 1980, on the occasion of the presentation of a book by Enrico D. Bona in the Lorenzelli Gallery in Milan, I prepared a manifesto, 10 metres long, in which I set out my attitude to architecture. At one point in this manifesto stood the words: "The crisis in architecture is above all a crisis of thought."

Today, it is particularly important to find some antidote to the impoverishment that has characterized architectural thinking for centuries.

As an example, let us compare two quite different definitions of what architecture is or what it should be: one formulated by an architect, the other by a philosopher.

Adolf Loos defined the architect as "a bricklayer who has learned Latin". Heidegger, on the other hand, came to the conclusion that the architect is a person "who translates an idea into a concept".

Adolf Loos was an architect who is rightly seen as a pillar of architectural culture; yet his definition has none of the complexity or the far-reaching significance of Heidegger's. The difference is huge. To draw a comparison between the two is impossible and would anyway mean doing Loos an injustice. Today, however, we are faced with a situation that is characterized by astonishing comparisons of this kind.

La situazione dell'architettura contemporanea ricorda, per molti versi, la crisi che a cavallo dell'800 e per tutto il secolo ha sconvolto l'arte europea. Sembrava allora impossibile trovare degli stimoli nuovi per valicare i limiti dell'architettura neoclassica ed eclettica. Il disagio provocato da questa incapacità di progredire, che sarebbe stato superato solo con l'avvento di nuove realtà storiche, filosofiche ed economiche, e non certo artistiche, trovó la sua espressione piu articolata in Hegel che con la sua teoria della morte dell'arte fornisce, tramite uno strumento filosofico, una via per superare la staticità dell'arte bella-romantica.

Nel marzo del 1980, in occasione della presentazione a Milano presso la galleria Lorenzelli del libro di Enrico D. Bona, avevo preparato un manifesto lungo 10 metri dove puntualizzavo la mia posizione nei confronti dell'architettura. In un passaggio della striscia-manifesto si poteva leggere: "la crisi dell'architettura è anzitutto una crisi di pensiero".

Lo sforzo che dobbiamo compiere oggi è innanzitutto di rimediare alla fragilità che da secoli contraddistingue il pensiero architettonico.

Confrontiamo, come esempio, due definizioni, contestualmente differenti, di cosa sia o debba essere l'architetto, una formulata da un architetto e l'altra enunciata da un filosofo.

Adolf Loos definisce l'architetto "un muratore che ha studiato il latino", mentre Heidegger dice che l'architetto è "colui che conduce una immagine in un concetto".

Adolf Loos è un architetto giustamente considerato un pilastro di riferimento per la cultura architettonica, eppure la sua definizione non ha nulla a che vedere con la complessità e l'ampiezza delle argomentazioni di Heidegger. La differenza è enorme ed il confronto improponibile oltre che ingiusto nei confronti di Loos, tuttavia la situazione generata da amenità di questo tipo l'abbiamo sotto gli occhi oggi.

Indubbiamente, ai giorni nostri, il re-

lich, außerdem Loos gegenüber ungerecht; heute haben wir jedoch eine Situation vor uns, die durch solche erstaunlichen Vergleiche bestimmt ist.

Zweifellos findet heute der qualitative Rückschritt, der meiner Ansicht nach eine gewisse Art von Architektur kennzeichnet, seinen Ursprung in dem gedanklichen Rückschritt, der diesen stützt. Auch wenn wir als Akteure im laufenden Prozeß zur Beurteilung eines architektonischen Werkes der Gegenwart nicht den notwendigen Abstand haben. Wenn man einem Literaten den Text eines Architekten zeigt (an Material fehlt es sicherlich nicht) oder einem Maler eine architektonische Zeichnung vorlegt (Zeichnen nur mehr zum Selbstzweck), wird man unschwer den gesundheitlichen Zustand der architektonischen Kultur erkennen.

Es gibt einen anderen Grund, der die Architektur und ihre Adepten in ein ziemlich unsympathisches Licht und in Gegensatz zu ihrer ursprünglichen Bedeutung stellt. Historisch betrachtet wurde die Architektur immer mit einer religiösen, politischen, ökonomischen etc. Macht identifiziert, wobei der Architekt, in dem Bereich für den er kompetent ist, die Stellung eines Funktionärs innehatte. Die Ergebnisse hingen also von der Qualität der Macht und der Qualität des Architekten ab. Das Ziel blieb jedoch immer, eine Architektur als hochqualifiziertes Produkt herzustellen, als Dienstleistung ebenso wie als Sachwert. Heute ist die Situation anders. Der Architekt versucht immer mehr, sich an die Stelle der Macht zu setzen, der wirkliche Träger der Macht zu werden, indem er die Architektur instrumentalisiert. Früher instrumentalisierte die Macht die Architektur, heute ist es der Architekt, der die Macht instrumentalisiert.

So kommt es meiner Meinung nach zu einer unverzichtbaren Komponente: Die Vision von der Architektur als befreiendes Instrument für den Menschen, sowohl physisch als auch moralisch. Die Architektur als befreiendes Instrument hat heute allerdings wenig Raum und Entfaltungsmöglichkeiten.

Es ist noch nicht einmal denkbar, daß uns aus dem Bereich der sogenannten offiziellen Kultur eine Antwort auf die Frage "Was ist Architektur?" gegeben wird. Sicherlich ist es nicht die ebenso zweifelhafte wie unaufrichtige Revision der Vergangenheit, die uns eine Antwort geben kann; dazu braucht es ein kritisches und selbstkritisches Bewußtwerden, auch auf höchster Ebene, und eine

Without doubt, I think, the loss of quality that is typical of certain kinds of architecture today has its origins in an intellectual regression, even if we, as participants in an ongoing process, do not possess the necessary distance or objectivity to be able to judge present-day architectural works. If one were to show a literary person the writings of an architect - and there is certainly no lack of them - or to present a painter with an architectural drawing (drawing as an end in itself), it would not be difficult to diagnose the state of health of architectural culture.

There is another reason, however, why architecture and its adepts today stand in a fairly unsympathetic light in contrast to the original significance of the profession. In history, architecture was always identified with religious, political, economic or some other kind of power. The architect played the role of a functionary in the field in which he was competent. The results of his work were, therefore, dependent on the quality of the power exerted and on the quality of the architect himself. The goal, however, was always the same: the creation of highly appropriate, relevant architecture - in terms of the service it rendered and of its own intrinsic value. Today, the situation is quite different. The architect increasingly seeks to set himself in a position of power by instrumentalizing architecture. In the past, it was those who really wielded power who instrumentalized architecture; today, it is the architect who seeks to instrumentalize power.

This inevitably leads, in my opinion, to the vision of architecture as an instrument for the liberation of humankind, both in a physical and a moral sense. Architecture as an instrument of liberation, however, has little scope for development.

It is inconceivable that one would receive an adequate reply to the question "what is architecture?" from the "cultural establishment". One thing is certain, though: a dubious and insincere re-examination of the past is not the answer. What is needed is a critical, indeed self-critical, awareness at the very highest level, and the adoption of a radical stance in the realm of hermeneutics. In order to control the instrument of architecture, a fundamental examination of the language of architecture is necessary; for this allows a genuine relationship to be established to the materiality of thought. Again, I should like to em-

gresso qualitativo che a mio avviso certa architettura presenta trova riscontro nel regresso del pensiero che la sostiene. Anche se in quanto attori di un processo in corso non possiamo avere quel distacco probabilmente necessario per giudicare un'opera architettonica dei nostri giorni. Se si sottopone ad un uomo di lettere un testo (certo il materiale non manca) di un architetto o se mostriamo ad un pittore un disegno architettonico (disegno per altro più fine a se stesso) non sarà difficile conoscere lo stato di salute della cultura architettonica.

Esiste un'altra ragione che pone l'architettura e i suoi addetti in una luce per nulla simpatica e in opposizione al suo significato originario. Storicamente l'architettura è sempre stata identificata con un potere religioso, politico, economico e così via, dove l'architetto aveva la posizione di funzionario per il settore di sua competenza. I risultati dipendevano perciò dalla qualità del potere e dalle qualità dell'architetto. Il fine però rimaneva sempre quello di fare dell'architettura intesa come prodotto altamente qualificato sia per il servizio che svolgeva sia per il valore intrinseco. Oggi la situazione si presenta diversamente. L'architetto tende sempre più a sostituirsi al potere, a diventare un vero gestore di potere strumentalizzando l'architettura. Prima era il potere a strumentalizzare l'architettura, ora è l'architetto che strumentalizza il potere. Viene cosi a mancare una componente a mio giudizio irrinunciabile: la visione dell'architettura come strumento liberatorio, sia fisico che morale, per l'uomo. L'architettura concepita come strumento liberatorio al giorno d'oggi non ha certo molto spazio né possibilita di vita.

Non è neppure pensabile che una risposta alla domanda "che cos'è l'architettura" possa giungerci dalla cosiddetta cultura ufficiale. Non sarà certo la dubbia quanto insincera rivisitazione del passato a darci una risposta, occorre una presa di coscienza critica e autocritica, anche ai massimi livelli, ed una radicale posizione di tipo ermeneutico. Per potersi appropriare dello strumento architettonico e fondamentale una interrogazione sul linguaggio dell'architettura che consenta un rapporto reale con la materialità del pensiero stesso. Voglio ancora una volta ribadire la centralità della nozione di linguaggio anche come medium tra l'intenzione progettuale e la fisicità dello strumento espressivo che nasce attraverso il progetto. [...]

radikale Stellungnahme im Sinne der Hermeneutik. Um sich das architektonische Instrument aneignen zu können, muß man sich grundsätzlich mit der Sprache der Architektur befassen, die ein wirkliches Verhältnis zur Materialität des Denkens selbst erlaubt. Ich möchte noch einmal die zentrale Bedeutung der Sprache betonen, auch als Medium zwischen Entwurfsabsicht und Körperlichkeit des gestaltgebenden Instruments, welches durch das Projekt entsteht. [...]
Wer die Sprache hat, besitzt die Welt, ist gesagt worden.
Beschränken wir uns darauf zu sagen, daß es keine Architektur gibt, wo die Sprache fehlt.
Leibnitz hat uns gelehrt, daß die Idealsprache, nach der wir streben sollten, die "Sprache" der Vernunft ist. Wie sie sehen, gibt es einen kontinuierlichen Bezug auf den Beitrag der Philosophie. Hat Vitruv nicht geschrieben: "philosophos dilingenter audiveris"? Die Architekten dürfen nicht vergessen, daß die Architektur eine Manifestation der endlichen Existenz ist. (Gewiß, Platon hat uns hinterlassen: "Kein Gott philosophiert".)
Es besteht kein Zweifel, daß dem Erkenntnisproblem der architektonischen Sprache eine neue Wirksamkeit verliehen werden muß, wenn wir verhindern wollen, daß die Worte einen rein ornamentalen Wert annehmen, indem sie leere Vorstellungen produzieren, die über das reine Zeichen nicht hinausgehen.
Gerade deshalb besteht die zwingende Notwendigkeit eines architektonischen Bewußtseins, verstanden als eine Form der Selbsterkenntnis.
Aber auf welche Art architektonischen Denkens will man Bezug nehmen und davor, welche Bedingungen gibt es für seine Existenz? Kurz, es ist, als ob wir uns fragen würden, was ist heute Architektur.
Auch in der Architektur muß man die Fähigkeit wiedererlangen, die Richtung des eingeschlagenen Weges zu ändern. Und damit dies geschehen kann, braucht man neue Fakten, zunehmend rigoroser und mit wachsenden Anstößen. Diese Aufgabe soll hauptsächlich oder größtenteils an die folgende Generation junger Architekten übergeben werden (sonst drohen sie unterzugehen). Man braucht aber eine radikale Revision und Erneuerung des Denkens. Es gibt keine Disziplin oder keinen kulturellen Bereich, der solange stillsteht oder so offenkundig Rückschritte ge-

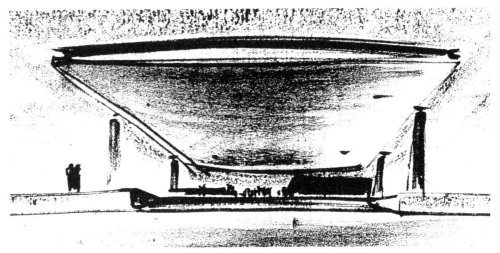

Pavillon / Pavilion / Padiglione Fiera del Mare di Genova (1963)

phasize the vital importance of understanding this language, also in its role as a mediator between design intentions and the physical expression of the form-giving instrument that results from a project. [...]
The world belongs to those who command language, someone once said. Suffice it to say that there can be no architecture where there is no language. Leibnitz taught us that the ideal language, towards which we should strive, is the "language" of reason. As one can see, reference is continually being made to the contribution of philosophy. Did Vitruvius not say "philosophos diligenter audiveris"? Architects should not forget that architecture is a manifestation of mortal existence. (Admittedly, Plato also said that "no god philosophizes".)
There can be no doubt that the issue of cognition in architectural language must acquire a new reality if we wish to prevent the words assuming a purely ornamental value by producing empty concepts that go no further than mere signs. It is urgently necessary, therefore, to develop an architectural consciousness, in the form of self-knowledge.
To what kind of architectural thought does one wish to make reference, however; and before that, what conditions are necessary for its existence? To put it in a nutshell, it is as if we were asking ourselves what architecture is today.
In architecture, too, we have to rediscover the ability to change the direction we have taken. For this to happen, new facts are needed, which have to be tougher than in the past and also provide a wealth of new impulses. This task should be entrusted largely to the younger generation of architects (other-

Chi ha il linguaggio ha il mondo, è stato detto.
Limitiamoci a dire che non ci può essere architettura dove viene meno il linguaggio.
Leibniz ci ha poi insegnato che l'ideale del linguaggio a cui tendere è quello di una "lingua" della ragione. Come vedete il richiamo al contributo dei filosofi è continuo.
Ma Vitruvio non ci ha scritto "philosophos diligenter audiveris"? Gli architetti non possono dimenticare che l'architettura è un movimento dell'esistenza finita (certo Platone ci ha lasciato scritto: "Nessuno degli dei filosofa").
Non ci sono dubbi che una nuova attività vada conferita al problema della conoscenza del linguaggio architettonico se non vogliamo che le parole assumano un valore soltanto ornamentale producendo immagini vacue che non vanno oltre il livello di puro segno.
Ecco perché si sente la estrema necessità di una coscienza architettonica intesa come una forma di conoscenza di se stessa.
Ma a quale pensiero architettonico si intende fare riferimento e ancora prima, quali sono le condizioni per la sua esistenza? In breve è come chiederci che cosa è oggi l'architettura.
Anche in architettura occorre ritrovare la capacità di capovolgere la direzione della strada intrapresa e perché questo avvenga occorrono fatti nuovi sempre più rigorosi e carichi di stimoli. Questo compito deve essere affidato e rivolto solo o in gran parte alle nuove generazioni pena la loro estinzione, ma occorre una radicale rivisitazione ed aggiornamento del pensiero. Non vi è disciplina o ambito culturale che sia fermo da così tanto tempo o che abbia fatto regressi vistosi come l'architettura.

macht hat wie die Architektur.
Man muß alle Hindernisse überwinden, welche die offizielle Kultur immer als unverrückbar aufgestellt hat.
Eine Konstruktion, ein architektonisches Werk ist nie in erster Linie ein Kunstwerk gewesen. Noch heute wird die griechische Architektur der Antike irreführend interpretiert; niemals war sie Ausdruck reiner Ästhetik. So wird heute, an der Schwelle des 21. Jahrhunderts die Architektur als Vision der Dinge auf der Grundlage subjektiver Positionen betrachtet.
Was ist die Verbindung von Architektur und Wahrheit (bezogen auf den heutigen Zustand)? Seit über einem Vierteljahrhundert hat die hermeneutische Ontologie, auf Grundlage der Erfahrung der Kunst und der kritischen Abstraktion des ästhetischen Bewußtseins, einen außergewöhnlichen Beitrag zur Beleuchtung des Wahrheitsproblems geleistet.
Bei der Überprüfung all dessen, was heute in der Architektur vorgeht, scheint es, als ob der Beitrag dieses Denkens nie existiert hätte. Sogar das Problem des wieder-ins-gedächtnis-bringens, des an-denkens Heideggers, das heißt das Verhältnis zur Tradition, ist nicht verstanden worden. [...]
Gewisse historisierende Erscheinungen in der Architektur werden oft zu Imitationen der Imitation und sind schließlich - um ein Wort Platons zu verwenden - dreimal fern der Wahrheit. Wir sind sehr weit entfernt davon, Architektur von der Art zu schaffen, die nach der Überwindung der Metaphysik entstand.
Vielleicht ist, erlauben sie mir diese Freiheit, das postmoderne Denken wirklich zu schwach, um aus der Moderne herauszutreten. Andererseits ist die Architektur eine Disziplin, die vielleicht erst in der Ambiguität ihre Stärke findet.
Architektur ist hauptsächlich Erkenntnis, eine Erfahrung für den, der sie plant, der sie ausführt und der sie in ihrer Wahrheit genießt; das architektonische Werk wird so Begegnung mit der Wahrheit, emblematischer Ort dieser Begegnung, Ausführung der Wahrheit als Ereignis, nicht als metaphysische Struktur.
Tatsache ist, daß ein Werk manchmal einen Mangel an Wahrheit zeigt, auch in Beispielen von höchstem Niveau.
Die Wahrheit dieser Irrtümer, und hier kommt uns die Psychoanalyse zu Hilfe, liegt vielleicht in der starken Anwesenheit des Mythos.
Mir scheint, man kann eine Beziehung aufstellen zwischen der psychoanalytiwise they are in danger of foundering). But a radical revision and renewal of our thinking is also necessary. No other discipline, no other cultural field has stood still for so long or has made such evidently retrograde steps as architecture. It is necessary to overcome all the obstacles that official culture has always laid in our path and has presented as something insurmountable.
A structure, a work of architecture, has never been a work of art in the first instance. Even today, the architecture of ancient Greece is still interpreted misleadingly. It was never an expression of pure aesthetics. Now, on the threshold of the 21st century, architecture is regarded as a vision of things on the basis of subjective positions.
How are architecture and truth related in the present situation? For more than a quarter of a century, hermeneutic ontology has made an extraordinary contribution to illuminating the question of truth, based on the experience of art and the critical abstraction of aesthetic awareness.
If one were to examine all the things going on in architecture today, it would seem as if this school of thought had never made any contribution at all. Even the question of "recalling to mind", Heidegger's concept of re-collection - in other words, our relation to tradition - has often been misunderstood. [...]
Certain historicist phenomena in architecture degenerate to imitations of imitations and, to use Plato's words, are three times removed from the truth. We are still far from creating the kind of architecture that was realized after the overcoming of metaphysics.
Allow me to say that postmodern thinking is possibly too weak to escape from the shadow of modernism. And then again, perhaps architecture is a discipline that finds its true strength only in ambiguity.
In the first instance, architecture is cognition, an experience for those who plan and execute it, and for those who enjoy it in all its truth. In this light, a work of architecture is an encounter with the truth, the emblematic location of this encounter - the execution of the truth as an event and not as a metaphysical structure. The fact is, however, that works of architecture sometimes reveal their lack of truth, even in examples of the highest quality.
The truth of these errors - and here, psychoanalysis comes to our aid - lies perhaps in the strong presence of myth.

Bisogna superare tutti quegli ostacoli che la cultura ufficiale ha sempre imposto come inamovibili.
Una costruzione, un'opera architettonica non è mai stata anzitutto un'opera d'arte. L'architettura greca ancora oggi viene letta in modo errato; essa non è mai stata l'espressione di un puro fatto estetico. Così oggi, alle soglie del XXI secolo, l'architettura viene intesa come visione delle cose basata su posizioni soggettive. Qual è la connessione architettura-verità (che si ha ai nostri giorni)? Da oltre un quarto di secolo l'ontologia ermeneutica ha dato un apporto eccezionale alla messa in luce del problema della verità in base all'esperienza dell'arte e a quella della critica dell'astrazione della coscienza estetica.
Ad esaminare quello che succede in architettura oggi sembra che tutto questo contributo di pensiero non sia mai esistito. Persino il problema della rimemorazione dell'an-denken-Heideggeriano, del rapporto cioè con la tradizione, non è stato compreso. [...]
Certe manifestazioni storicizzanti in architettura diventano spesso imitazioni delle imitazioni e finiscono per essere, come scrive Platone, tre volte lontane dalla verità. Siamo assai lontani da quello che doveva essere, come esperienza, il modo di fare in architettura dopo il superamento della metafisica.
Forse, permettetemi questa licenza, il pensiero post-moderno è veramente troppo debole per uscire dalla modernità. D'altra parte l'architettura è una disciplina che forse trova proprio nell'ambiguità la sua forza.
L'architettura è essenzialmente conoscenza, è una esperienza che fa partecipi chi la progetta, chi la esegue e chi la gode della sua verità; l'opera architettonica diventa così incontro con la verità, luogo emblematico del suo incontro, messa in opera della verità come evento, non come struttura metafisica. È pur vero che a volte l'opera presenta cadute di verità anche in esempi ai massimi livelli.
La verità di questi errori, e qui ci viene in aiuto la psicanalisi, sta forse nella forte presenza del mito.
Mi pare si possa trovare una relazione fra l'analisi psicanalitica del linguaggio e la maggiore presa di coscienza dell'errore che proprio a livello di comunicazione il linguaggio architettonico contiene: errore nel nostro campo specifico, che potrebbe cercare di capire i nonsensi della nostra epoca.
Dunque, l'architettura come luogo di ve-

schen Untersuchung der Sprache und dem verstärktem Bewußtwerden des Irrtums, der genau auf der Kommunikationsebene in der architektonischen Sprache liegt: Ein Irrtum auf unserem speziellen Gebiet, der helfen könnte den vielfachen Nonsens unserer Epoche zu verstehen.

Also Architektur als Ort wo Wahres, aber auch die Wahrheit von Fehlern aufscheint, aber nie als Ort der Täuschung oder böser Absicht.

In diesem Sinne können wir, auf der Suche nach Wahrheit oder der Wahrheit von Fehlern, die das Werk offenbart, eine andere Geschichte der Architektur schreiben, indem wir in der Vielfalt "menschlicher Erfahrung bei der Suche nach den Mangelhaftigkeiten" stöbern, die allzu oft die Forschung auf den falschen Weg geführt haben. In den meisten Fällen ist der Irrtum, der selbst keine Wahrheit in sich enthält, der, der nur vom Willen des Subjekts erzeugt ist, sich über die Wirklichkeit der eigenen Zeit zu stellen, der eigenen historischen Grenzen, und vom absoluten Vertrauen in die eigenen intellektuellen Möglichkeiten. Dieses Subjekt kann und muß es sich erlauben, mit der Kraft eines kreativen Unterwerfungsaktes, die Objektivität der Übereinstimmung zu überwinden.

Architektur als Suche nach der Wahrheit ist im Grunde das, was die philosophische Bedeutung der Architektur ausmacht; eine vollkommen mit der Wissenschaft verbundene Disziplin, in der es undenkbar ist, sich noch in individueller Willkür zu offenbaren.

Die erste Folge einer gedanklichen und sprachlichen Krise, wie wir sie heute erleben, ist zwangsläufig die Schwierigkeit, eine architektonische Kultur zu vermitteln.

Die Universität spiegelt diese blockierte Situation wider. Die gleiche, von Campos Venuti konstatierte Konfusion offenbart sich auch und vor allem bei der Ausbildung der jungen Architekten, die im besten Falle eine oberflächliche und allgemeine Prägung erfahren.

Schlimmer aber ist die Tendenz, Architekurgeschichte als eine Folge von genialen Episoden durch die Jahrhunderte zu lehren, lakonisch in der Reihung der Geburtsdaten der großen Meister.

Die Folge kann nur diese abgöttische Verehrung für einige Meister der Vergangenheit sein, die wir heute erleben. Das ist so, weil man lehrt, das Werk anderer kennenzulernen, ohne daran zu denken, die Eigenschaften des Einzel-

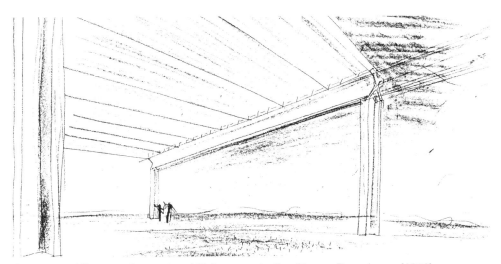

Bausystem / Construction system / Sistema costruttivo Facep, Bussolengo (1976)

It seems to me that one can establish a link between the psychoanalytical investigation of language and a heightened awareness of the error, which lies on the plane of communication in architectural language. It is an error in our special field of activity that could help us to understand the widespread lack of sense that characterizes our age.

Architecture, in other words, may be regarded as a place where truth - including the truth of errors - manifests itself, but never as a place of deception or evil intent.

In this sense, in our quest for truth or the truth of the errors that our work reveals, we can write a different history of architecture by rummaging around in the diversity of "human experience in its search for defects", which all too often have led research down false paths. In most cases, an error that contains no truth is one occasioned by the will of the subject to place himself above the reality of his own times, to escape from his own historical bounds, and by his absolute faith in his own intellectual abilities. Such a subject can, indeed must, allow himself, by dint of a creative act of subjection, to overcome the objectivity of consensus.

The basic philosophical significance of architecture lies in its quest for the truth - as a discipline wholly allied to science, in which it would be inconceivable to indulge arbitrary personal notions.

The initial outcome of an intellectual and linguistic crisis such as we are experiencing today is inevitably the difficulty of communicating architectural culture.

This impasse is reflected in the universities. The sense of confusion identified by Campos Venuti is clearly revealed in the training of young architects, who

rità, e anche come luogo di verità dell'errore, ma mai come luogo di inganno o di mala fede.

In questo senso possiamo costruire una storia diversa dell'architettura alla ricerca della verità, o della verità dell'errore, rivelata dall'opera, frugando nella molteplicità delle "esperienze umane alla ricerca dei punti di caduta" che troppe volte hanno sviato la ricerca. Nella maggior parte dei casi l'errore che non contiene in sé nessuna verità, è solo quello generato dalla volontà del soggetto di porsi al di sopra della realtà del proprio tempo, dei propri limiti storici, dalla fede assoluta nel proprio intellettualismo, che può e deve permettersi di scavalcare l'oggettività del consenso con la forza di un atto creativo soggiogante.

Architettura come sperimentazione di verità, questo è in fondo ciò che costituisce il significato filosofico dell'architettura, disciplina talmente legata alla scienza che non è pensabile che si manifesti ancora nell'arbitrario individuale.

La prima conseguenza di una crisi di pensiero e di linguaggio quale noi oggi stiamo vivendo è inevitabilmente la difficoltà di trasmettere la cultura architettonica.

L'università è lo specchio di questa situazione di stallo. La stessa confusione che Campos Venuti denuncia, si manifesta anche e soprattutto nella formazione dei giovani architetti che nella migliore delle ipotesi ricevono una superficiale e generica formazione.

Più grave è invece la tendenza a trasmettere la storia dell'architettura come un susseguirsi di episodi geniali attraverso i secoli secondo l'unica legge della fatalità nelle date di nascita dei grandi Maestri.

La conseguenza non può che essere quella forma di idolatria acritica per al-

nen, ohne das lähmende Ideal der großer Bedeutung, zu entwickeln.
Freiheit ist die größte Lehre, die uns jeder wirkliche Meister überliefert hat, aber gleichzeitig ist sie die einzige Botschaft, die nicht dazu bestimmt war, die Freiheit dessen zu beachten, der sie benutzt hätte.
Beim jetzigen Stand stellt sich fast spontan die Frage, welche Rolle heute der Beruf des Architekten im Leben der Menschen einnimmt. Wenn ich hierzu Überlegungen anstelle, kommt mir immer ein deutsches Verb in den Sinn - erleben - was bedeutet, noch im Leben zu stehen, wenn eine Sache bereits geschehen ist.
Ich glaube, ich bin nicht der einzige der befürchtet, daß der Architekt in seiner wirklichen Lage immer mehr zum Beispiel einer aussterbenden Spezies wird. Auf der Ebene des Ausdrucks und überhaupt des Menschlichen, ist es noch nie zu einer solchen, meines Erachtens programmierten Annullierung der Fähigkeiten anderer gekommen. Mag es auch noch so paradox erscheinen, man hat es zu einer solchen Entwurzelung aus der eigenen Geschichte und Kultur gebracht, daß es zum Beispiel nicht mehr möglich ist, das Werk eines Amerikaners von dem eines Japaners zu unterscheiden. Denn ein Stil, der diesmal wirklich international ist, hat die kreative Fähigkeit von Generationen von Architekten außer Kraft gesetzt und schließlich diese Qualität, in deren Namen man der Moderne den Kampf angesagt hatte, verschwinden lassen, indem man Irrationalität mit Freiheit verwechselt, und indem man vergessen hat, daß es kein höheres rationales Prinzip als die Freiheit gibt.
Es soll auch daran erinnert werden, und hier möchte ich mich besonders an die jüngere Generation wenden, daß Freiheit nicht von denen bedroht wird, die Macht haben, sondern von denen, die ihr unterliegen.
Man wirft mir vor, und das mit Recht, daß ich nicht mehr an dem aktuellen architektonischen Diskurs teilnehme. Vielleicht geht meine Haltung von der Überzeugung aus, daß es bei einem solchen, offensichtlich manipulierten Übermaß an Zustimmung das beste ist zu schweigen. Dies ist eine Position, die versucht, bestenfalls, zu verstehen, daß eine gewisse Sache ist, was sie ist, weil sie verstehen will, wie es dazu gekommen ist.
Meine Tätigkeit in der Architektur, speziell in bezug auf das Studium und die

at best receive a superficial, general education.
Even worse is the tendency to teach architectural history as a sequence of brilliant episodes, extending across the centuries and laconically reduced to the dates of a few great masters. The outcome can only be the blind veneration of a handful of outstanding figures of the past, a phenomenon with which we are familiar today. This situation has come about because one learns to understand the work of others without considering the special characteristics of each individual, free of the numbing ideals of greatness. Freedom is the greatest lesson any master has ever handed down to us. At the same time, it is the only message that was not destined to respect the freedom of those who might have used it. In the present situation, one question automatically arises: what role does the architectural profession play today in the lives of people as a whole? When I consider this question, a German verb comes to mind - erleben - which means to experience a thing by continuing to be involved in life after something has happened.
I imagine I am not the only one who fears that architects in their true situation are increasingly becoming a species doomed to extinction. On the plane of expression and humanity, I believe there has never been such a programmatic annulment of the abilities of others. However paradox it may seem, we have alienated ourselves from our own history and culture to such a degree that, for example, it is no longer possible to distinguish the work of an American from that of a Japanese. A style that is now genuinely international has rendered the creative abilities of generations of architects invalid. It has caused the very qualities in whose name one declared war on modernism to vanish, by confusing irrationalism with freedom and by forgetting that there can be no higher rational principle than freedom.
One should also remember - and I wish to address these remarks to the younger generation in particular - that freedom is not threatened by those who wield power, but by those who are subject to it.
I have been accused, and rightly so, of no longer participating in the current architectural debate. My attitude is perhaps based on the conviction that, in view of such an evidently manipulated

cuni Maestri del passato cui assistiamo oggi. Questo perché si insegna a comprendere l'opera di altri, senza pensare a sviluppare le caratteristiche dei singoli libere da ideali paralizzanti di grandezza. La libertà è il più grande insegnamento che ogni Maestro che sia davvero tale ci ha tramandato, ma al tempo stesso è l'unico messaggio che non era destinato a tener conto della libertà di chi lo avrebbe utilizzato.
Nello stato in cui siamo, viene quasi spontaneo chiederci quale posizione ha oggi nell'esistenza umana il mestiere dell'architetto. Quando ritorno su questo argomento mi viene sempre in mente un verbo tedesco -erleben- che significa essere ancora in vita quando una cosa è successa.
Credo di non essere il solo a temere che l'architetto nella sua vera posizione stia diventando sempre più un esemplare di una antropologia in via di estinzione. Sul piano espressivo e ancora prima umano non si è mai verificato un azzeramento tale, e a mio avviso programmato, delle capacità altrui. Per quanto paradossale possa sembrare si è arrivati ad un tale sradicamento dalla propria storia e cultura, per cui non è più possibile, ad esempio, distinguere un'opera di un americano da quella di un giapponese, poiché uno stile, questa volta veramente internazionale, ha messo fuori campo la capacità creativa di generazioni di architetti ed ha finito per sottrarre quella qualità, in nome della quale si era intrapresa la lotta alla modernità, confondendo l'irrazionalità con la libertà e dimenticando che non esiste un principio razionale più alto della libertà.
Va anche ricordato, e qui desidero rivolgermi particolarmente alle nuove generazioni, che la libertà viene minacciata non solo da chi detiene il potere ma anche da chi vi soggiace.
Mi si rimprovera, ed a ragione, di non entrare con maggior peso nel dibattito architettonico attuale. Forse questa mia posizione parte dalla convinzione che fra tanta esplosione di consenso così evidentemente manipolato la miglior cosa è tacere; è una posizione che cerca se mai di comprendere che una certa cosa è quella che è in quanto comprende come lo è divenuta.
La mia attività in architettura, in modo più specifico riferita allo studio e alla produzione di strumenti industrializzati, credo possa rientrare nel filone di opere in cui la riproducibilità tecnica assume una importanza teorica notevole.

Produktion von industrialisierten Instrumenten, kann, so glaube ich, in die Reihe von Werken eingereiht werden, in welchen die Technik der Serienfertigung einen bedeutenden theoretischen Stellenwert einnimmt.

Man kann sagen, daß in dieser Art des Ausdrucks die Möglichkeit der Serienfertigung konstitutiv wird. Daraus ergibt sich, daß die von mir oder anderen ausgeführten Werke kein Original mehr im traditionellen Sinn haben. Was mehr interessiert ist, zumindest in der Intention, daß sie eine andere Art Beziehung zwischen Produzent und Nutzer herstellen, ganz zum Vorteil des Nutzers, der seinerseits am Entwurf beteiligt wird. Das wichtigste ist, daß in diesem neuen Verhältnis die durch den Gebrauch anderer gewonnene Erfahrung zur Aufnahme von neuen Randbedingungen führt, welche Änderungen und Varianten im inneren dieser Serie bestimmen, die weiter erforscht, mehr dem Prinzip der Erneuerung folgt, typisch für die wissenschaftlichen Experimente, im Unterschied zum traditionellen Bauen, das ein Produkt als abgeschlossen betrachtet, wenn es in den Händen des Nutzers ist.

In dem komplexen, man sollte eigentlich sagen bunten Panorama der zeitgenössischen Problematik, ist die Bedeutung meiner Arbeit in der Revision dieser Beziehung zwischen objektiv und subjektiv zu finden, oder, wenn man so will, in dem Versuch, die Möglichkeit einer objektiven Erkenntnis zu bejahen.

Es wird Zeit für eine Architektur ohne Väter, in der die Imitation eine Imitation des eigenen Prozesses des Konstruierens ist, als Imitation seiner selbst - aber im "Palast" ist man anderer Meinung.

Es kann paradox erscheinen, daß die Architektur, eine der ältesten und wichtigsten Manifestationen der Menschheit, noch in Erwartung ihrer Theorie ist.

Es ist die Aufgabe der jungen Generation, im Gegensatz zu Picassos Ausspruch, den von Diderot aufgezeigten Weg aufzunehmen.

Von mir muß man erwarten, daß ich die Wahrheit suche, nicht aber, daß ich sie finde.

excess of consensus, the wisest thing is silence. This is a position that at best seeks to understand that a certain thing is as it is by attempting to understand how it has reached this state.

My architectural activities, especially in respect of the study and production of industrialized instruments, can, I think, be set in the context of works in which the technology of serial fabrication has an important theoretical value.

One could say that the potential for serial production is implicit to this form of expression. In that respect, the works I or other people create in this context are no long "originals" in the traditional sense of the word. What is more interesting, at least in terms of the intention, is the fact that this kind of work helps to establish a different relationship between producer and user. This new relationship is very much to the advantage of the user, who should, in turn, be involved in the design.

The most important aspect of this new relationship is that the feedback from other people's use of objects should lead to the formulation of new parameters to determine changes and variations within a continuing development. Further research should follow the principle of making constant improvements, typical of ongoing scientific experiments, rather than adhering to the process of traditional construction, in which a product is regarded as complete once it is in the hands of the user.

In the complex - motley, one might really say - panorama of contemporary problems, the significance of my work lies in the examination of the relationship between objective and subjective; or, if one wishes, in the attempt to provide scope for an objective act of cognition.

The time has come for an architecture without forefathers, in which imitation is an imitation of one's own process of construction, an imitation of oneself. But in the "palace", they are of a different opinion.

It may appear paradoxical that architecture, one of the oldest and most important manifestations of human existence, is still awaiting its theory.

It is the task of the younger generation - contrary to Picasso's dictum - to follow the path indicated by Diderot.

One may expect of me that I shall seek the truth, but not that I shall find it.

Si può dire che in questo tipo di espressioni la riproducibilità diviene costitutiva. Ne consegue che le opere portate a compimento da me o da altri non hanno più un originale nel senso tradizionale. Quello che più interessa, almeno nelle intenzioni, è che stabiliscono un rapporto tra produttore e fruitore di tipo diverso e a tutto vantaggio di chi le utilizza, il quale diviene a sua volta progettualmente attivo. La cosa più importante è che in questo rapporto nuovo l'esperienza acquisita attraverso l'utilizzazione di altri porta all'assunzione di nuovi fatti che determineranno le modifiche e le variazioni all'interno di questo filone che ricerca, che segue più gli schemi di rinnovamento tipici degli esperimenti scientifici a differenza del tradizionale sistema dell'edilizia che considera finito un prodotto quando arriva nelle mani dell'utente.

Nel panorama complesso, è il caso di dire variopinto, della problematica contemporanea, il significato del mio lavoro va ritrovato in questa revisione del rapporto oggettivo-soggettivo, o se si vuole nel tentativo di affermare la possibilità di una conoscenza oggettiva.

È tempo che si arrivi ad una architettura senza padri dove l'imitazione è imitazione del proprio processo costruttivo, come imitazione di se stessa. Ma al Palazzo la pensano ben diversamente.

Può ancora sembrare paradossale che l'architettura, una delle più antiche e importanti manifestazioni dell'umanità, sia ancora in attesa di una sua teoria.

Alle nuove generazioni aspetta, contrariamente all'espressione picassiana, intraprendere la strada indicata da Diderot.

Si deve esigere da me che io cerchi la verità, non che la trovi.

1 Kirche / Church / Chiesa
Mater Misericordiae
Via della Conciliazione 22
Baranzate, Milano

2 Bausystem / Construction system / Sistema costruttivo Facep
Elmag
Viale Elvezia 35
Lissone, Milano

3 Bausystem / Construction system / Sistema costruttivo U 70 Isocell
3a Lema
Strada Statale Briantea
Alzate Brianza, Como.
3b Unifor
Via Isonzo 1
Turate, Como

4 Mehrzweck-Bausystem / Multi-purpose construction system / Sistema costruttivo pluriuso Briona 72
Feg
Superstrada Valsassina
Giussano, Milano

5 Bausystem / Construction system / Sistema costruttivo Facep
Verona Car
Zona Industriale
Bussolengo, Verona

6 Wohnhäuser in Teilvorfertigung / Housing in a partially prefabricated form of construction / Edifici residenziali parzialmente prefabbricati
6a Via Artigianelli
Monza
6b Via degli artigiani
Arosio, Como

Projekte / Projects / Progetti

Bausysteme von / Construction systems by / Sistemi construttivi di Angelo Mangiarotti

20
Kirche / Church / Chiesa
Mater Misericordiae
Baranzate, Milano (1957)

21
Bausystem / Construction system /
Sistema costruttivo
Facep
Lissone, Milano (1964)

22
Bausystem / Construction system /
Sistema costruttivo
U 70 Isocell
Alzate Brianza, Como (1969)

23
Mehrzweck-Bausystem / Multi-purpose construction system / Sistema costruttivo pluriuso
Briona 72
Giussano, Milano (1977)

24
Bausystem / Construction system /
Sistema costruttivo
Facep
Bussolengo, Verona (1976)

25
Wohnhäuser in Teilvorfertigung / Housing in a partially prefabricated form of construction / Edifici residenziali parzialmente prefabbricati
Monza (1972);
Arosio, Como (1977)

Architektur und Design
Architecture and design
Architettura e Design

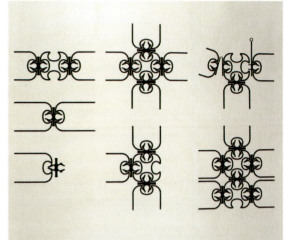

26.1 links
Baukastensystem "Cub 8"
26.1 rechts
Ausbausystem "In Out"
26.2 links
Glaselemente "V+V"
26.2 rechts
System für Ausstellungsbauten
26.3 links
Tischsystem "Eros"
26.3 rechts
Tischsystem "Incas"
26.4 links
Tischsystem "Incas"
26.4 rechts
Tischsystem "Asolo"

27.1 links
Sesselschale
27.1 mitte
Zusammensetzbare Beleuchtungskörper "V+V"
27.1 rechts
Tischsystem "Eros"
27.2 links
Tischsystem "Asolo"
27.2 mitte
Bücherregal "Estrual"
27.2 rechts
Eßtisch-Gegenstände "Olpe"
27.3 links
Tee- und Kaffeeservice Fa. Cislaghi
27.3 mitte
Lampe "Egina"
27.3 rechts
Gläserserie "Ebbro"
27.4 links
Besteckkollektion "Ergonomica"
27.4 mitte
Wasserkessel und Kaffeekanne "3.6"
27.4 rechts
Tisch Fa. Novikos

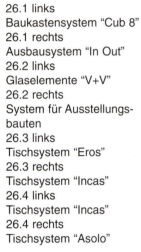

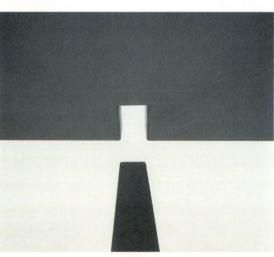
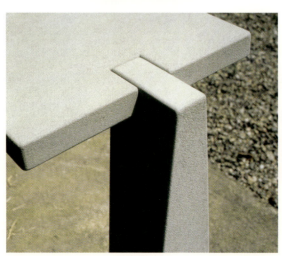

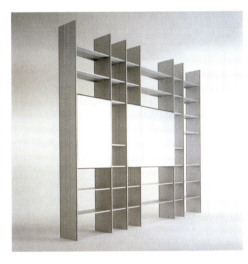

Kirche / Church / Chiesa Mater Misericordiae Baranzate, Milano (1957)

mit / with / con Bruno Morassutti
A. Favini (Statik / Structural engineering / Calcolo delle strutture)

Die Kirche, als Zentrum eines neuen Wohnquartiers außerhalb des alten Ortes geplant, ist ein kubischer Saalbau. Auf einem Seitenverhältnis von 1:2 entwickelt, kann der Grundriß durch gleich große Module erweitert werden. Das System war für den großen Bedarf an Kirchenneubauten konzipiert. Den Innenraum dominiert das Stahlbetonskelett, dessen Tragstruktur die Ausrichtung auf den Altar betont. Auf vier 8 m hohen, leicht konisch zulaufenden, im Sockelgeschoß eingespannten Rundstützen, lagern kastenförmige Hauptträger (30 x 100 cm). Stützen und Träger wurden in Ortbeton mit rauher Oberfläche gefertigt. Die Nebenträger sind jeweils aus 30 vorgefertigten Betonfertigteilen mit X-förmigem Querschnitt zusammengesetzt. Dem Verlauf der Zug- und Druckkräfte entsprechend, ist der Flansch in der Ober- und (im Bereich der Hauptträger) auch in der Untergurtzone geschlossen als Druckplatte ausgebildet. Ebenfalls vorgefertigte Deckenplatten liegen auf den Nebenträgern und sind mit Mörtel verfugt. Nach der Herstellung der Stützen wurden auf einer Arbeitsbühne die Fertigteile der Nebenträger auf die Spannkabel gezogen und an den Stirnseiten vermörtelt. Danach erfolgte die Schalung und Betonierung der Hauptträger, anschließend die Vorspannung und Versiegelung der Nebenträger. Die Vorspannung wurde so gewählt, daß an jeder Stelle des Querschnitts auschließlich Druckkräfte auftreten. Die Fassade, eine Pfostenkonstruktion aus verzinkten Stahlprofilen, setzt sich aus transluzenten Paneelen (1,00 x 2,70 m) zusammen. Zwischen der außen und innen liegenden Einfachverglasung lag ursprünglich zur Dämmung und Lichtdämpfung eine Styroporschicht. Fassade und Dachkonstruktion sind durch Acrylglasplatten optisch voneinander getrennt. Die Beleuchtung des Schiffs erfolgt über im Boden eingelassene Strahler; daher ist die Tragkonstruktion mit dem filigranen Netzwerk der Deckenplattendiagonalen von störenden Einbauten freigehalten.

The church, planned as the centre of a new residential district, is a cubic hall structure. The dimensions on plan are based on a ratio of 1:2, and the layout can be extended in full units of the same size. The system was conceived as part of an extensive Church building programme. The elongated internal space is dominated by the reinforced concrete skeleton-frame structure, which stresses the alignment of the main axis with the altar. Four 8 m high, slightly tapering round columns anchored in the plinth storey support the 30 x 100 cm box-section main beams. The columns and main beams were cast in in-situ concrete with a rough surface. The secondary beams each consist of 30 precast concrete elements with an X-shape cross-section. In accordance with the compression and tension forces acting on these beams, the upper chord was designed as a closed compression plate, as was the lower chord in the areas over the main beams. Prefabricated slabs were laid on the secondary beams and jointed with mortar. After construction of the columns, the prefabricated components of the secondary beams were assembled on to the tensioning cables on a working platform and grouted at the ends. This was followed by the erection of the formwork and the casting of the main beams. Finally, the secondary beams were stressed and sealed. The stressing process was designed to ensure that only compression forces exist at any point of the cross-section. The façade consists of 1.0 x 2.7 m translucent panels between galvanized steel posts. A layer of styrene was originally foreseen between the outer and inner panes of single glazing as thermal insulation and to soften the ingress of light. The façade and roof construction are visually separated from each other by a strip of perspex panels. The nave is lighted by spotlights let into the floor. In this way, it was possible to keep the soffit, with its filigree pattern of diagonal lines, free of disturbing installations.

La chiesa consiste in un edificio ad aula, concepito come centro di una nuova zona residenziale ai margini del vecchio abitato. La pianta sviluppata secondo un rapporto dimensionale di 1:2 permette uno sviluppo modulare mediante addizione. Il sistema è stato pensato per esaudire una grande richiesta di edifici ecclesiastici. Il volume interno allungato è dominato dall'ossatura in c.a. la cui orditura accentua l'orientamento verso l'altare. Le travi principali, a sezione rettangolare (30 x 100 cm), poggiano su quattro pilastri tronco-conici alti 8 m incastrati alla base. Travi e pilastri sono stati gettati in opera e presentano una superficie martellinata. Le travi secondarie sono composte ognuna da 30 conci prefabbricati in calcestruzzo con sezione a X. Seguendo l'andamento delle zone di tensione e compressione, l'incavo superiore del concio (così come quello inferiore nella zona della trave principale) è chiuso orizzontalmente da una piastra compressa. Tegoli di copertura prefabbricati, i cui giunti sono sigillati con malta, poggiano a loro volta sulle travi secondarie. Dopo aver consolidato i pilastri, si procedette mediante impalcatura, all'assemblaggio dei conci delle travi secondarie cucendoli con cavi di compressione ancorati alle estremità. Successivamente si passò a casseratura e getto delle travi principali e quindi alla precompressione e stuccatura delle secondarie. La precompressione permette l'insorgere in ogni sezione di soli sforzi di compressione. La facciata è composta da pannelli traslucidi (1,00 x 2,70 m) su struttura a montanti di acciaio zincato. Tra una doppia lastra di vetro era originariamente incorporato un pannello di polistirolo con funzione di coibente e attenuatore di luminosità. Pareti perimetrali e copertura sono separate anche otticamente da lastre acriliche trasparenti. L'illuminazione artificiale della navata è ottenuta con luci a pavimento, lasciando in questo modo libera da ogni ingombro la struttura della copertura e la sottile nervatura incrociata che ne caratterizza l'intradosso.

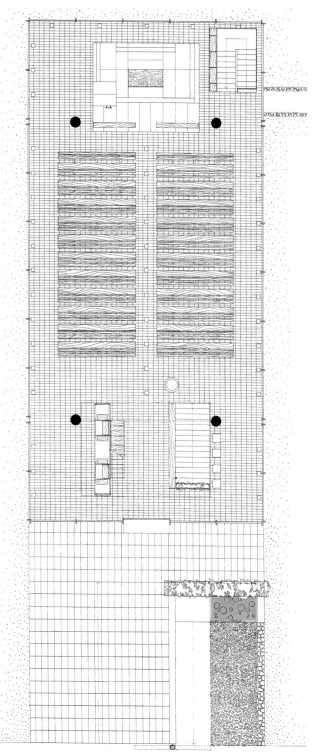
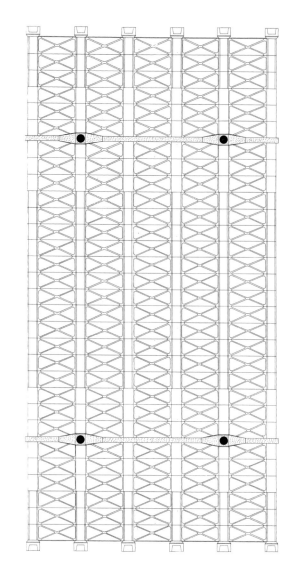
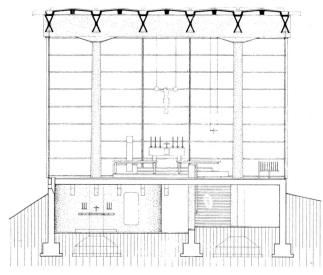

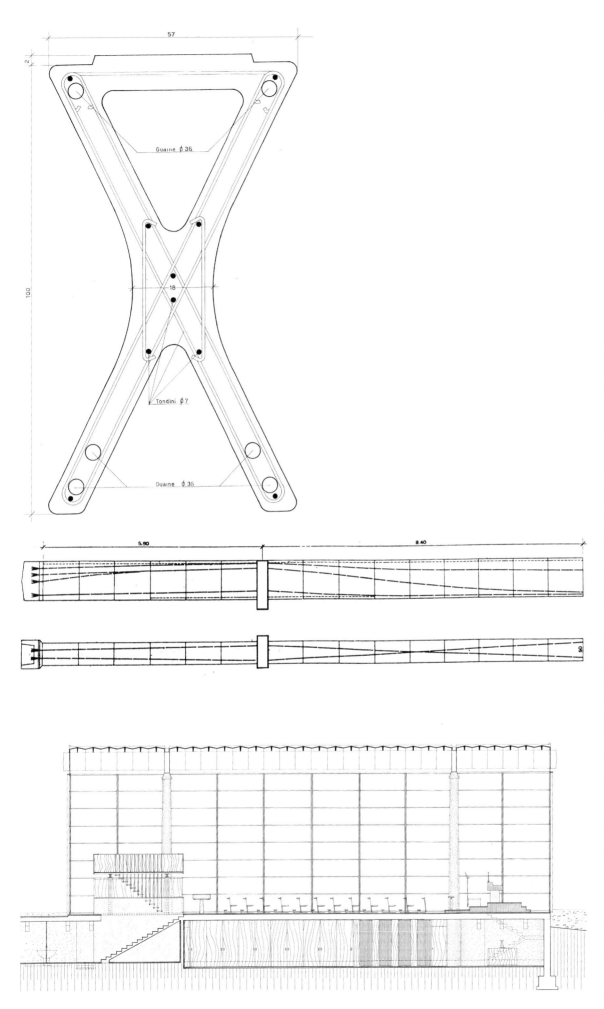

Kirche
Church
Chiesa
Mater Misericordiae
Baranzate, Milano
(1957)

Der Entwurf basiert auf dem Typus der Wegekirche; die Ausrichtung auf den Altar wird durch die 'durchlaufenden' Nebenträger betont. Im Untergeschoß befinden sich Sakristei, Nebenräume und Krypta.
Die Nebenträger mit dem X-förmigen Querschnitt sind aus 30 vorgefertigten Elementen zusammengesetzt; der Verlauf der Spannkabel wird in den Schnitten (Teilansicht) deutlich.

The design is based on a directional church type. The orientation to the altar is stressed by the alignment of the 'continuous' longitudinal secondary beams. On the lower floor are the sacristy, the crypt and ancillary spaces.
The secondary beams each consist of 30 precast concrete elements with an X-shape cross-section. The lines of the stressing cables can be seen in the sections (part elevation).

Il progetto si basa sull'impianto tipologico delle chiese a pianta longitudinale; l'orientamento verso l'altare è accentuato dall'orditura delle travi secondarie. Nell'interrato sono disposte la sacrestia, la cripta e gli ambienti di servizio. Le travi secondarie sono composte ognuna da 30 conci prefabbricati con sezione ad X. Nella sezione longitudinale parziale della trave si nota il percorso dei trefoli di precompressione.

Kirche
Church
Chiesa
Mater Misericordiae
Baranzate, Milano
(1957)

Das Tragwerk bildet einen mächtigen Baldachin aus Stahlbeton. Dachplattendiagonalen und Nebenträger strukturieren die Deckenuntersicht. Die Gesamtanlage markiert der kubische Saalbau während Stützen und Hauptträger den Innenraum dominieren; deutlich ablesbar wird nachts die Trennung von Tragwerk und Fassade.

The load-bearing structure forms a powerful reinforced concrete canopy. The underside of the roof is textured by the diagonal lines of the roof slabs and the articulating strips of the secondary beams. The overall form is that of a cubic hall structure, the internal space of which is dominated by the columns and main beams. At night, the separation of the structure and the façade is clearly visible.

La struttura crea un grande baldacchino in c.a.; la nervatura incrociata dei tegoli e l'orditura delle travi secondarie ne ritmano la superficie di intradosso. L'area esterna è caratterizzata dal volume dell'aula mentre i pilastri e le travi principali dominano l'ambiente interno; la separazione tra struttura e involucro è ancor più evidente nella vista notturna.

Bausystem / Construction system / Sistema costruttivo Facep
Gewerbebau / Commercial building / Edificio industriale Elmag
Lissone, Milano (1964)

A. Sbriscia Fioretti (Statik / Structural engineering / Calcolo delle strutture)

Für einen Gewerbebau mit Büro- und Ausstellungsräumen sowie Produktions- und Lagerbereichen entwarf Mangiarotti eines seiner ersten Bausysteme aus Stahlbeton. Das Tragwerk, entwickelt auf einem Raster von 8 x 16 m, besteht aus drei vorgefertigten Elementen: Stützen, Träger und Deckenplatten. Charakteristisches Element ist die 8,4 m hohe Stütze mit dem hammerkopfförmigen Endstück. Die Flanken des Stützenkopfs sind konisch ausgebildet und dienen mit der Aussparung als Auflager und zur Positionierung der Träger. In der Mittelachse der Stütze wird die Entwässerung geführt. Die vorgespannten Träger überspannen eine lichte Weite von 14 m. Deren Gesamtlänge (14,7 m) resultierte aus Anforderungen an den Transport (max. Länge für Straßentransport ohne Polizeibegleitung). Das Kopfende der T-förmigen Träger, deren Flansche als Linienkonsolen für die Deckenplatten dienen, bildet ein auskragender Zahn, der in die Aussparung des Stützenkopfs eingelassen wird. Ein Feld wird von zehn ebenfalls vorgespannten Deckenplatten überspannt. Die leichte Wölbung der T-förmigen Platte ermöglicht den direkten Abfluß des Regenwassers. Die seitliche Aufbordung erleichtert die saubere Fügung der einzelnen Elemente und begrenzt die Aufnahme von Wärmedämmung. Der Mittelsteg dient zur Verstärkung der Elemente und als ebene Anschlußfläche für Fassade und Innenausbau. Für die Tageslichtversorgung des Gebäudes sind vereinzelt Deckenplatten aus glasfaserverstärktem Kunststoff eingesetzt. Die Montage des kompletten Tragwerks erfolgte in nur 15 Tagen vor Ort.
Die Stahlbetonstützen werden von schmalen Fensterbändern flankiert, wodurch das Tragwerk von außen und innen optisch freigestellt ist, während Metalltrapezbleche die opaken Flächen der Hülle bekleiden. Die vorstehenden Stützenköpfe rhythmisieren den Baukörper und verdeutlichen gleichzeitig das Thema der Erweiterbarkeit.

Mangiarotti designed one of his first reinforced concrete construction systems for a commercial development containing offices, exhibition spaces and production and warehouse areas. The load-bearing structure, based on grid dimensions of 8 x 16 m, comprises three basic prefabricated elements: columns, beams and roof slabs. The most striking element is the 8.40-metre-high hammerhead column. The sides of the head are splayed to create a truncated conical form with slits on each side. Rainwater pipes are cast in the centre of the columns. The prestressed beams span a clear width of 14 m. Their overall length, 14.70 m, was determined by traffic constraints. It represents the maximum length that may be transported by road without a police escort. The top flange of the T-shape beams serves as a linear support for the roof slabs. The ends of these beams are in the form of projecting tenons that are let into the slots in the heads of the columns. Each bay of the structure contains ten prestressed T-section roof slabs. The slightly curved form of the slabs allows the direct drainage of rainwater. The upstands at the edges facilitate the clean jointing of the individual elements and create a recess for thermal insulation. The central rib provides additional strength and forms a level strip that simplifies abutments with the façade and with interior fittings and finishings. Individual roof slabs of glass-fibre-reinforced plastic allow daylight to enter from above. The entire load-bearing structure was assembled on site in only 15 days.
The reinforced concrete columns along the outer face of the building are flanked on each side by narrow vertical window strips, so that the load-bearing structure is visually articulated both internally and externally. The closed areas of the façade are clad in trapezoidal-section ribbed metal sheeting. The projecting column heads establish a constructional rhythm and at the same time indicate the theme of extendibility.

Mangiarotti ha progettato uno dei suoi primi sistemi a componenti prefabbricati per un edificio industriale completo di uffici e ambienti per esposizione, produzione e deposito. La struttura portante, organizzata su una maglia di 8 x 16 m, è composta da tre elementi prefabbricati: pilastro, trave e tegolo di copertura. Il pilastro, alto 8,40 m, ha un caratteristico allargamento terminale a forma di martello i cui lati rastremati verso l'alto accolgono una cavità per il posizionamento e l'appoggio della trave. I pluviali corrono in posizione assiale all'interno del pilastro. Le travi precompresse coprono una luce di 14 m. La lunghezza complessiva (14,70 m) rispettava le esigenze di trasporto (lunghezza massima per trasporto su strada senza accompagnamento della polizia). La trave, con sezione a T, è dotata alle estremità di un dente predisposto per l'incastro nella cavità di appoggio del pilastro. Le ali della trave fungono da superficie di appoggio per i tegoli di copertura che, in numero di dieci, coprono una campata. La leggera convessità esterna dei tegoli garantisce lo scolo immediato delle acque piovane mentre il rialzo del bordo laterale facilita l'accostamento degli elementi e il serraggio degli strati coibenti. L'anima centrale ha il compito di irrigidire l'elemento e di garantire una superficie piana di intradosso per il montaggio di facciate esterne e divisori interni. I tegoli possono essere sostituiti da elementi in fibropoliestere con funzione di lucernari, consentendo così l'illuminazione naturale interna dell'edificio. Solo 15 giorni sono stati necessari per il montaggio in cantiere dell'intera struttura.
Ai pilastri sono accostate finestre verticali a nastro per ottenere un effetto di alleggerimento ottico sia dall'interno che dall'esterno, mentre le pareti perimetrali opache sono rivestite esternamente con lamiera grecata. L'aggetto di testa dei pilastri conferisce ritmo alla composizione e contemporaneamente mette in evidenza il tema dell'ampliabilità.

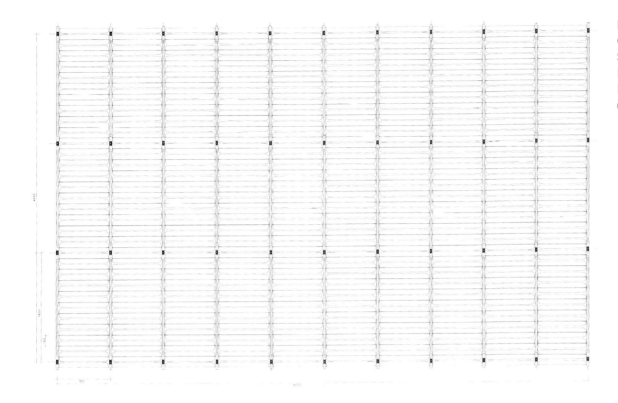

**Bausystem
Construction system
Sistema costruttivo
Facep
Lissone, Milano
(1964)**

Das Bausystem für Lissone setzt sich aus der Stütze mit dem Hammerkopf, dem schlanken T-förmigen Träger sowie der Deckenplatte mit Mittelsteg zusammen. Das Tragwerk ist auf einem rechteckigen Planungsraster mit einem Seitenverhältnis von 1:2 entwickelt.

The construction system used in Lissone consists of hammerhead columns, slender T-section beams, and roof slabs with a central rib. The structure is laid out to a rectangular grid with side proportions of 1:2.

Il sistema costruttivo progettato per Lissone è composto dal pilastro dotato di allargamento terminale, dalla snella trave con sezione a T e dal tegolo con costola centrale di irrigidimento. La struttura si sviluppa secondo una maglia rettangolare con rapporto dimensionale di 1:2.

**Bausystem
Construction system
Sistema costruttivo
Facep
Lissone, Milano
(1964)**

Für das im Werk komplett vorgefertigte Tragwerk wurden pro Arbeitstag die Bauteile für ein Rasterfeld hergestellt. Vor Ort erfolgte zunächst die Aufstellung der Stützen in Köcherfundamente, anschließend die Montage der Träger und Deckenplatten. Die vorstehenden Stützenköpfe rhythmisieren den Baukörper und verleihen diesem einen fast plastischen Ausdruck; der Zugangsbereich wird durch drei Rasterfelder offen überdeckt.

The entire load-bearing structure was prefabricated at works, where the elements for one grid bay were manufactured per day. The first stage of the work on site was the erection of the columns, which were anchored in sleeve foundations. This was followed by the assembly of the beams and roof slabs. The projecting column heads establish a constructional rhythm and lend the building an almost sculptural expression. The entrance zone consists of three covered bays that are open at the sides.

La struttura è stata completamente prefabbricata in stabilimento, producendo in un giorno lavorativo l'equivalente dei componenti necessari a erigere e coprire una campata. In cantiere si è proceduto al posizionamento dei pilastri all'interno di incavi nella fondazione e al montaggio di travi e tegoli. L'aggetto terminale dei pilastri conferisce ritmo e plasticità al volume dell'edificio; la zona di ingresso è messa in risalto dalle campate non tamponate.

Bausystem
Construction system
Sistema costruttivo
Facep
Lissone, Milano
(1964)

Die Kante der Traufe zeigt die Schlankheit der Deckenplatten und formuliert einen äußerst knappen Dachabschluß. Durch geschoßhohe Fensterbänder werden die Stützen optisch freigestellt, wodurch die Trennung von Tragwerk und Hülle von außen wie auch von innen ablesbar ist.

The slenderness of the roof slabs is visible at the outer edge of the building and facilitates an extremely concise detailing of this situation. The façade columns are flanked by full-height window strips, which articulate the separation of the load-bearing structure and the outer skin.

Il bordo della copertura denuncia il limitato spessore dei tegoli e disegna una gronda essenziale. L'impiego di superfici vetrate verticali a nastro scioglie otticamente il pilastro dal tamponamento e accentua, sia internamente che esternamente, la separazione tra struttura e involucro.

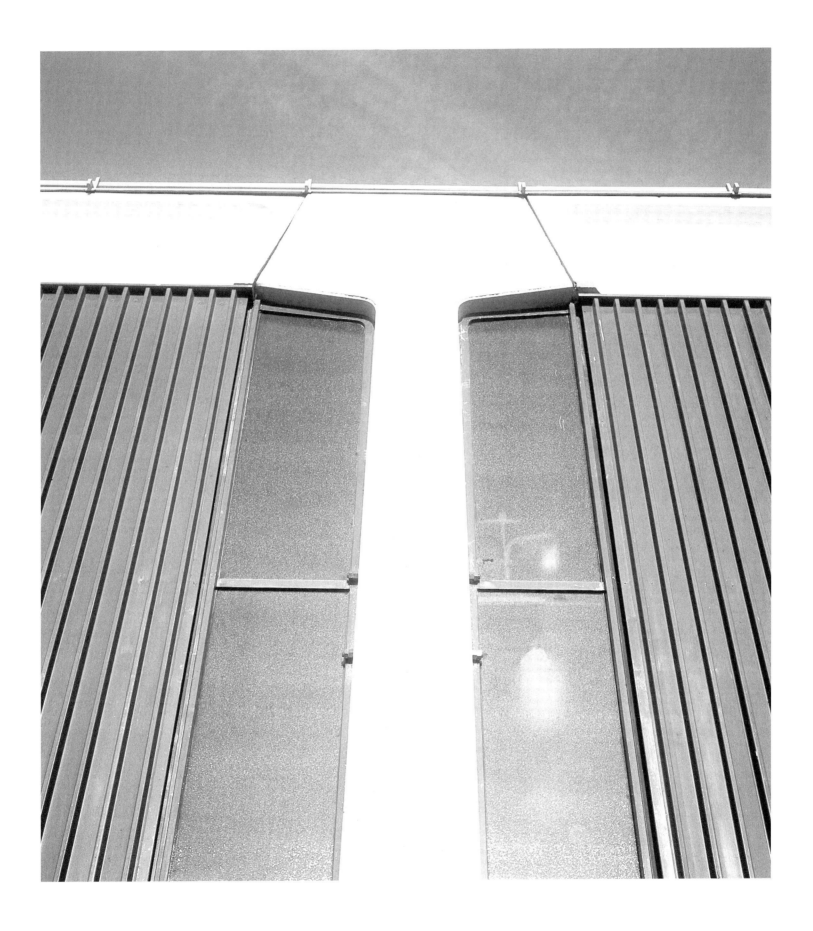

Bausystem / Construction system / Sistema costruttivo U 70 Isocell
Gewerbebau / Commercial building / Edificio industriale Lema
Alzate Brianza, Como (1969)

G. Ballio, G. Colombo, A. Vintani (Statik / Structural engineering / Calcolo delle strutture)

Beim Bausystem U 70 Isocell handelt es sich bereits um eine Weiterentwicklung früherer Systeme. Ebenfalls für gewerbliche Nutzung konzipiert, erstreckt sich das Gebäude über eine Fläche von 126 x 174 m. Das dem Entwurf zugrunde gelegte Planungsraster basiert wiederum auf einem Rechteck (9 x 18 m), ist jedoch in der Ausrichtung der Träger- und Deckenplattenlage geändert. Die Stützen mit einer Kantenlänge von 55 cm, haben einen H-förmigen Querschnitt. Der trapezförmige Stützenkopf ist aufgelöst in zwei Stege, die als Auflager dienen. Die trogförmigen Hauptträger werden jeweils auf einen Steg der Stützenköpfe gesetzt; U-förmige Stahlteile dienen zur Justierung und werden später vergossen. Die Bauhöhe der Träger bleibt bei unterschiedlicher Spannweite konstant (75 cm). Querschnitt und Bewehrung sind dem Kräfteverlauf entsprechend ausgebildet. Sechs Deckenplatten überspannen in Längsrichtung ein Feld. Der ebenfalls trogförmige Querschnitt und seitliche Rippen steifen die nur 3 cm starken Platten aus. Die konische Ausbildung der Auflager ermöglicht es, unmittelbar bei der Montage eine kraftschlüssige Verbindung zur Aussteifung des Tragwerks herzustellen. Zur Belichtung können in Träger und Deckenplatten Oberlichtkuppeln eingelassen werden. In den freien Querschnitten zwischen den Tragwerksteilen ist Platz für die Installationsführung; ferner wird in der Deckenuntersicht das feine Liniennetz des Konstruktions- und Ausbaurasters sichtbar. Das Bausystem U 70 ermöglicht eine einfache und rasche Montage des Tragwerks. Die Fassadenelemente sind je nach Anforderung opak, teilweise oder ganz transparent ausgebildet; das Ausbauraster (1,56 m) entspricht der Breite des Stützenfelds. Durch die gleiche Bauhöhe von Trägern und Deckenplatten liegen Fassaden und Innenwände in einer Anschlußebene und ermöglichen infolge dieses Systemmerkmals Änderungen im Ausbau und die Erweiterung des Gebäudes je nach Bedarf.

The U 70 Isocell construction system represents a further development of earlier systems. The hall, also erected for commercial uses, covers an area 126 x 174 m in extent. The planning grid underlying the design is in turn based on a 9 x 18 m rectangle. In this case, however, the direction of the main beams and floor slabs is reversed; i.e. the beams span a shorter distance than the slabs. The columns, which have a width of 55 cm, are H-shaped in section. The trapezoidal column heads are divided into two parts that form a seating for the trough-shaped main beams. The end of each beam bears on one of the sections of the column head. The U-shape steel members used for adjustment are later encased in concrete. The beams have a fixed depth of 75 cm, regardless of the span. The cross-section and reinforcement can be varied in response to the loads to be borne. The roof slab elements are laid parallel to the longitudinal axis of the structure. Six elements are required per bay. The slabs, which are a mere 3 cm thick, acquire additional rigidity from their trough-shaped cross-section and the downstand ribs at the edges. The conical form of the supports allows a rigid connection to be created that serves to brace the entire structure as soon as the members are assembled. For daylighting purposes, top-light domes can be incorporated into the beams and roof slabs. Mechanical services can be installed in the spaces between the load-bearing elements. The soffit is articulated by the fine network of lines of the structural and finishings grids. The U 70 construction system facilitates a simple and swift assembly of the structure. The façade elements can be opaque, fully or partly transparent. The 1.56 m finishings grid is co-ordinated with the column spacings. Since the beams and roof slabs have the same depth, the façades and internal walls are of the same height. This facilitates extensions of the building and alterations to the internal layout and fittings.

Il sistema costruttivo U 70 Isocell è frutto dell'evoluzione di sistemi precedenti. Concepito per uso industriale, l'edificio copre una superficie di 126 x 174 m. Il reticolo di coordinazione geometrica è basato sulle dimensioni di un rettangolo (9 x 18 m), seppur invertito rispetto alla direzione dell'orditura di travi e tegoli. I pilastri, 55 cm di lato, hanno una sezione ad H. La parte terminale del pilastro, dal profilo trapezoidale, si scompone in due ali parallele i cui bordi fungono da superficie d'appoggio ognuna per una trave dalla caratteristica sezione concava: ganci metallici a forma di U servono al posizionamento e in un secondo tempo rimangono annegati nel cemento. L'altezza della trave (75 cm) è mantenuta costante al variare della lunghezza. Sezione della trave e posizione dell'armatura seguono l'andamento degli sforzi. Sei tegoli coprono una campata in direzione longitudinale. Anche per i tegoli la scelta di una sezione concava irrigidita lateralmente ha permesso di minimizzare lo spessore degli elementi a soli 3 cm. Inoltre il profilo conico delle superfici di appoggio crea un giunto molto solido che già nella fase di montaggio contribuisce all'irrigidimento generale della struttura. Sia le travi che i tegoli sono predisposti per l'inserimento di calotte trasparenti. Il passaggio dei condotti impiantistici è previsto negli incavi che si generano tra un elemento e l'altro in corrispondenza dei giunti, inoltre nell'intradosso della copertura è leggibile il sottile reticolo dei moduli strutturali e delle finiture. Il sistema "U70" permette un rapido e semplice montaggio della struttura. Gli elementi di facciata, in rapporto alle esigenze, possono essere opachi, trasparenti o parzialmente trasparenti. Il modulo delle finiture (1,56 m) è un sottomultiplo della luce delle campate. Grazie all'intradosso continuo di travi e tegoli, i tamponamenti perimetrali e i divisori interni sono facilmente intercambiabili e godono della massima libertà dispositiva permettendo modifiche e ampliamenti a secondo del bisogno.

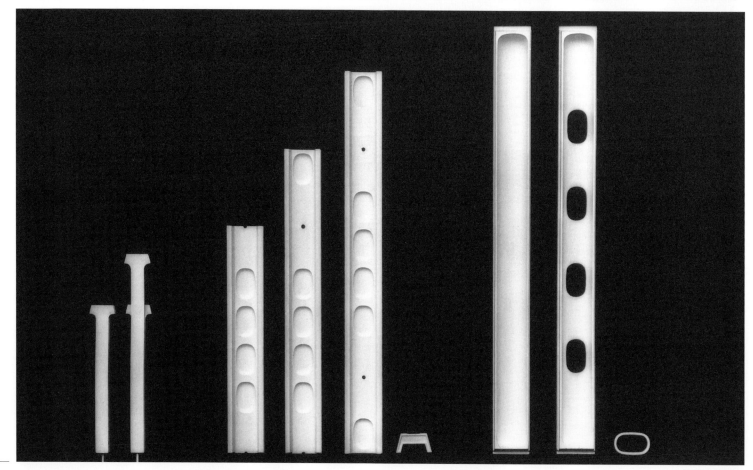

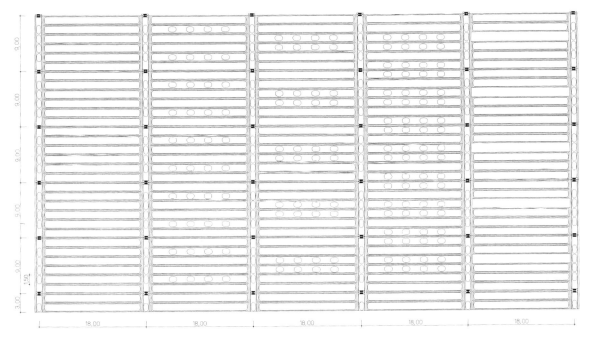

**Bausystem
Construction system
Sistema costruttivo
U 70 Isocell
Alzate Brianza, Como
(1969)**

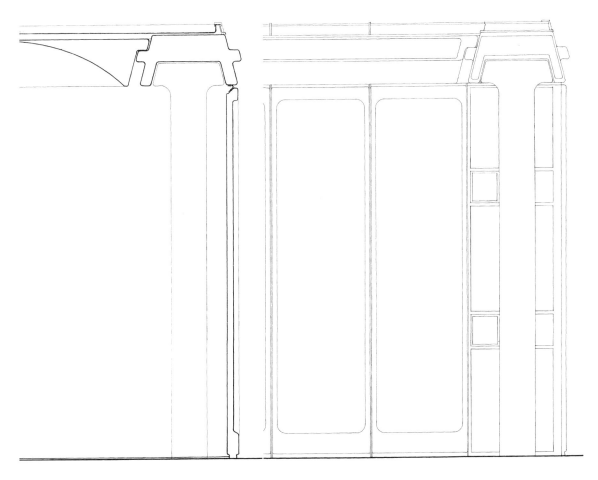

Eine Vorstudie zeigt noch einen U-förmigen Stützenkopf. Bei dem System variieren die Längen der Träger je nach Anwendungsfall (einseitige oder beidseitige Auskragung). Ebenfalls auf einem rechteckigen Planungsraster im Verhältnis von 1:2 konzipiert, spannen die Träger über die kurze (9 m) und die Deckenplatten über die lange Distanz (18 m).

A preliminary study shows the column with a U-shaped head. With the U 70 system, the lengths of the beams vary according to the situation (cantilevered at one or both ends). The system is also based on a rectangular planning grid with proportions of 1:2, but in this case, the beams span a shorter distance than the slabs (9 m and 18 m respectively).

Uno studio precedente mostra un pilastro con testa ad U. Il sistema consente di variare la lunghezza della trave secondo le esigenze costruttive (aggetto uni- o bilaterale). Anche questa struttura si coordina su una maglia rettangolare con rapporto dimensionale di 1:2, in questo caso le travi coprono la luce minore (9 m) e i tegoli quella maggiore (18 m).

**Bausystem
Construction system
Sistema costruttivo
U 70 Isocell
Alzate Brianza, Como
(1969)**

Der H-förmige Stützenquerschnitt spreizt sich am Kopfende in Verlängerung der 'Flansche' in zwei Stege; in Achsmitte wird die Dachentwässerung geführt. Zur Gewichtsminimierung sind im Feldbereich der Träger und Deckenplatten Vertiefungen eingelassen; zur Tageslichtversorgung können diese mit Oberlichtkuppeln überdeckt werden. Im Vergleich der Querschnitte wird die Schlankheit der Deckenplatten deutlich, deren Querschnitt örtlich auf bis zu 3 cm reduziert ist.

The columns are H-shaped in section. The two 'flanges' are extended at the head to form trapezoidal seatings. The roof drainage occurs on the column axes. To minimize the weight, the beams and roof slabs were designed with a trough-like cross-section. Top-light domes can be incorporated into them for daylighting purposes. In comparison with the beams, the roof slabs are extremely slender; they can be as little as 3 cm thick at certain points.

Il pilastro con sezione ad H si scompone nella parte superiore in due 'ali' parallele; i pluviali corrono in posizione assiale all'interno del pilastro. L'intradosso di travi e tegoli presenta delle concavità che hanno la funzione di ridurre il peso degli elementi; aperte e fornite di cupole trasparenti possono svolgere la funzione di lucernario. In un confronto tra trave e tegolo la sezione di quest'ultimo risulta molto più sottile.

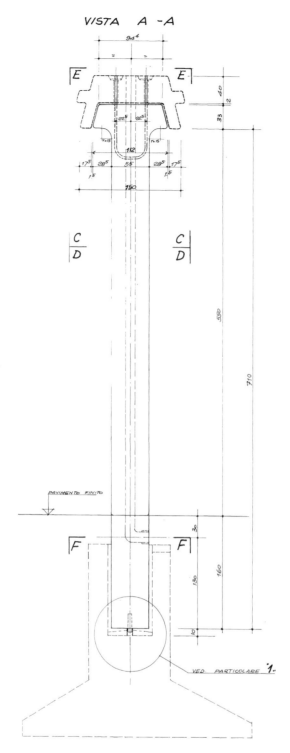
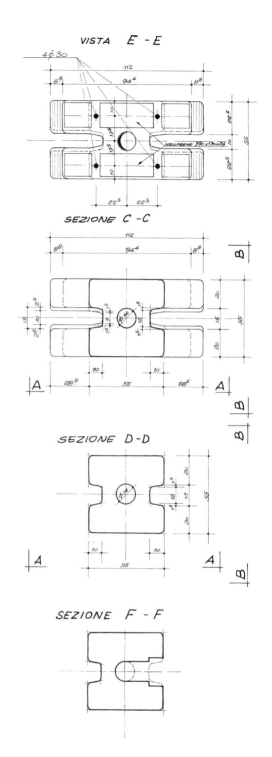

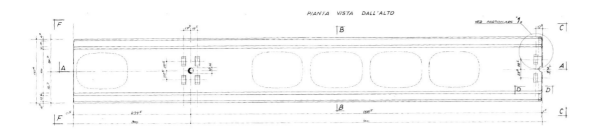

PIANTA VISTA DALL'ALTO

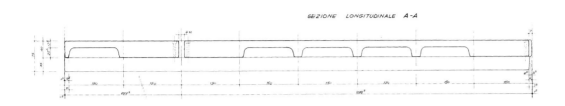

SEZIONE LONGITUDINALE A-A

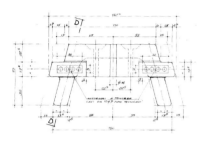
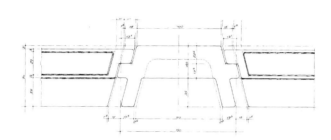

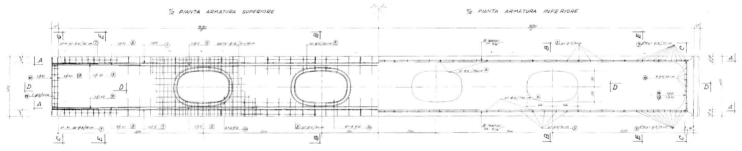

½ PIANTA ARMATURA SUPERIORE   ½ PIANTA ARMATURA INFERIORE

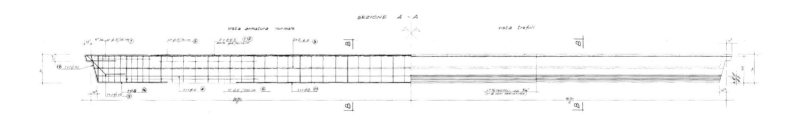

SEZIONE A-A
vista armatura normale   vista trefoli

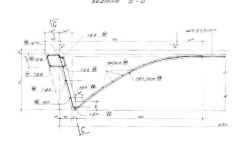
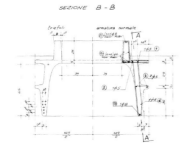
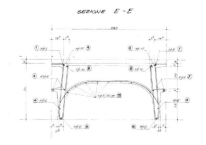

SEZIONE D-D   SEZIONE B-B   SEZIONE E-E

47

**Bausystem
Construction system
Sistema costruttivo
U 70 Isocell
Alzate Brianza, Como
(1969)**

U 70 zeichnete sich durch einen einfachen und schnellen Aufbau aus; die Montage eines Trägers erfolgte in 15 Minuten. Durch die gleiche Bauhöhe der Träger und Deckenplatten liegen die Fassadenelemente und Innenwände in einer Anschlußebene. Die Elemente der Fassaden, ebenfalls in vier Typen vorfabriziert, lassen sich dadurch leicht austauschen.

The U 70 construction system can be simply and quickly erected. It took 15 minutes to fix a beam in position. The identical constructional depth of the beams and floor slabs means that there is a single abutment level for façade panels and internal partitions. In addition, this enables the four different types of prefabricated façade elements to be interchanged without difficulty.

U 70 si è distinto per la grande facilità di montaggio. Il posizionamento di una trave ha richiesto 15 minuti. Grazie all'uso di trave e tegolo di eguale altezza gli elementi di tamponamento esterno e di divisione interna hanno una quota comune di connessione. In questo modo anche gli elementi perimetrali, prefabbricati in quattro diverse tipologie, risultano facilmente intercambiabili.

**Bausystem
Construction system
Sistema costruttivo
U 70 Isocell
Alzate Brianza, Como
(1969)**

Große stützenfreie Flächen halten vielfache Nutzungsmöglichkeiten bei guten Tageslichtverhältnissen vor. Neben dem Gewerbebau in Alzate Brianza realiserte Mangiarotti 1982 mit dem System noch einen Verwaltungsbau für die Möbelfirma Unifor in Turate bei Como. Einzig die Fassade, mit den schlanken hochformatigen Elementen, stellt eine Verfeinerung dar.

Large, column-free spaces allow a wide range of uses and good daylight conditions. After using this system for the structure in Alzate Brianza, Mangiarotti employed it again in 1982 to create an administration building for the Unifor furniture concern in Turate near Como. The only modification was to the façade, the tall slender elements of which represent a refinement of the system.

L'ampia superficie interna libera da sostegni verticali permette una grande flessibilità d'uso con buone condizioni di illuminazione naturale. Nel 1982 Mangiarotti ha realizzato con lo stesso sistema un altro edificio industriale a Turate nei pressi di Como, per la Unifor. La superficie vetrata esterna elementata verticalmente è di grande eleganza.

Mehrzweck-Bausystem / Multi-purpose construction system / Sistema costruttivo pluriuso Briona 72
Ausstellungsraum / Showrooms / Edificio espositivo Feg
Giussano, Milano (1977)

G. Ballio, G. Colombo, A. Vintani (Statik / Structural engineering / Calcolo delle strutture)

Mangiarotti entwickelte 1972 in Zusammenarbeit mit der Firma Sacie das Mehrzweck-Bausystem Briona, welches sich aus insgesamt neun standardisierten Stahlbetonfertigteilen zusammensetzt. Das Planungsmodul des Konstruktionsrasters beträgt 1,20 m, basierend auf der Breite des Stützenkopfs. So ergibt sich ein (Ausgangs-)Rasterfeld von 7,20 x 7,20 m.
Die 3,00 m hohen, in Köcherfundamenten eingespannten Rundstützen münden in einem pilzartigen, quadratischen Stützkopf mit umlaufender Linienkonsole. Bei mehrgeschossigen Bauwerken können diese Stützen ineinandergesteckt und so vertikal addiert werden. Die trogförmigen Träger und Deckenplatten variieren bei gleichbleibender Breite (1,2 m) und Bauhöhe (0,4 m) in der Länge zwischen 6,0 m und 7,2 m bzw. 8,4 m, entsprechend dem Rasterfeld. Die Ausrichtung der Deckenplattenlage kann je nach statischen und funktionalen Erfordernissen wechseln. Zur Belichtung des Gebäudes sind in den Deckenplatten Aussparungen zur Aufnahme von quadratischen Oberlichtkuppeln aus Acrylglas vorgesehen.
Im Gegensatz zu den früher entwickelten Industriebausystemen verwendet Mangiarotti bei Briona 72 Betonfertigteile als Abschluß für die Dachkante. Die profilierten Platten geben den Querschnitt von Träger bzw. Deckenplatte wieder, das Eckelement zeigt eine zurückspringende positive Ecke. Die geometrische Position der Fassade liegt zurückversetzt hinter der Ebene der Stützenreihe. Dadurch wird das Tragwerk umlaufend freigestellt. In diesem Bausystem wird die intensive Beschäftigung Mangiarottis mit dem Motiv des Trilithen besonders anschaulich; er übersetzt das klassische Prinzip des Tragens und Lastens in die Technologie und Ästhetik von Betonfertigteilen. Durch die Art der Detaillierung der Tragwerksteile und die Ausbildung der Traufe, welche als Neuinterpretation des Themas "Gebälk" gelesen werden kann, erfährt der Zweckbau gleichsam eine Nobilitierung.

In 1972, Mangiarotti developed the Briona multi-purpose construction system in collaboration with the Sacie company. It comprises nine standardized precast concrete elements. The construction grid is based on a modular dimension of 1.20 m - the width of the column head - with basic bay dimensions of 7.20 x 7.20 m.
The 3.00 m high circular columns are anchored in sleeve foundations and culminate at their upper ends in mushroom-shaped, square column heads with peripheral projecting strips. In multi-storey buildings, the columns can be inserted into each other in a vertically additive form. The beams and floor slabs, both with a trough-like cross-section, have a fixed width of 1.2 m and a depth of 0.4 m. They vary in length between 6.0 and 7.2 m (or 8.4 m if required), depending on the grid span. The direction of the floor slabs can be varied according to structural and functional needs. As a means of daylighting the internal spaces, slabs with openings are foreseen to accommodate dome-shaped perspex roof lights. In the Briona 72 system, Mangiarotti uses precast concrete elements as closing strips along the edge of the roof. These moulded elements echo the cross-section of the beams and floor slabs behind them. The use of special corner elements allows the profile to be continued on the return face to create a symmetrical external angle.
The façade is set back behind the plane of the columns, so that the load-bearing structure is exposed to view all round the building. In this construction system, Mangiarotti's intense preoccupation with the motif of the trilith is particularly evident. He translates the classical principles of the imposition and support of loads into the technology and aesthetics of precast concrete construction. The detailing of the load-bearing elements and the design of the eaves - which can be seen as a reinterpretation of the entablature - lend this functional building a quality of nobility.

Nel 1972, in collaborazione con la società Sacie, Mangiarotti ha sviluppato il sistema costruttivo pluriuso Briona che si compone di nove elementi standardizzati in c.a. Il modulo di coordinazione metrica misura 1,20 m, come il lato dell'elemento terminale del pilastro, dando origine ad una griglia costruttiva di 7,20 x 7,20 cm.
I pilastri circolari incastrati alla base, sono alti 3,00 m e terminano con un capitello a pianta quadrata e mensola perimetrale. Per la costruzione di edifici a più piani i pilastri possono essere sovrapposti l'uno sull'altro verticalmente. Travi e tegoli, entrambi a sezione cava, mantenendo la stessa larghezza (1,2 m) e la stessa altezza (0,4 m) sono disponibili in varie lunghezze coordinate con il reticolo di base (6,0 m, 7,2 m e 8,4 m). La disposizione dei tegoli di copertura varia con le esigenze statiche e funzionali dell'edificio. Per l'illuminazione naturale sono previsti tegoli dotati di aperture predisposte al montaggio di lucernari in resina acrilica trasparente. Contrariamente a quanto è avvenuto nei sistemi progettati in precedenza, Mangiarotti utilizza qui elementi prefabbricati anche per il tamponamento del cornicione. La forma delle velette riflette la geometria delle sezioni di travi e tegoli e l'elemento angolare presenta uno spigolo invertito. I tamponamenti perimetrali sono collocati in posizione arretrata rispetto alla fila dei pilastri lasciando in questo modo libera la struttura.
In questo sistema diviene paricolarmente evidente l'intenso lavoro di ricerca che Mangiarotti ha condotto sul tema del trilite; egli traduce il classico principio dell'architrave e della colonna nella tecnica e nell'estetica proprie dei componenti prefabbricati. L'edificio ad uso industriale si nobilita anche grazie alla particolare cura dedicata allo studio dei dettagli strutturali e dell'elemento di gronda, che può essere letto come una reinterpretazione della trabeazione classica.

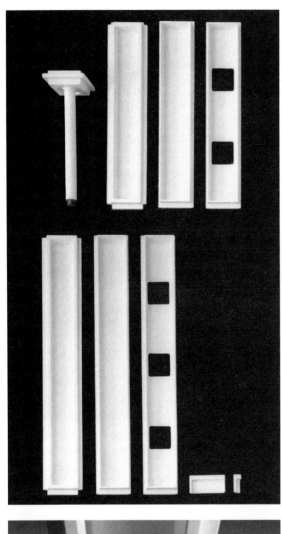

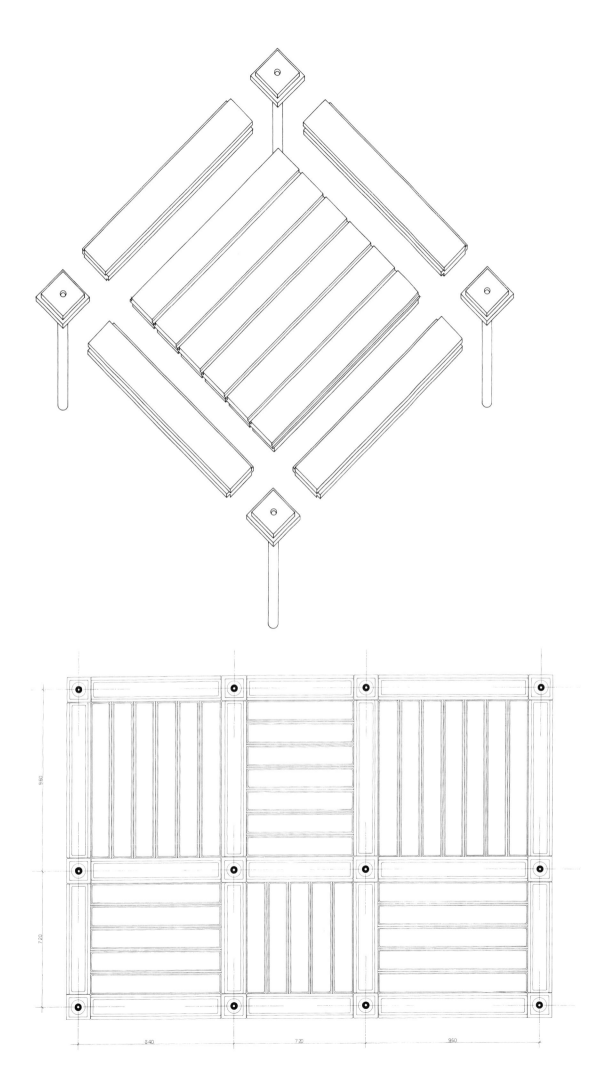

**Mehrzweck-Bausystem
Multi-purpose
construction system
Sistema costruttivo
pluriuso
Briona 72
Giussano, Milano
(1977)**

Das System ist auf dem Maß des quadratischen Stützenkopfes (1,20 m) aufgebaut; daraus resultiert ein quadratisches (Ausgangs-) Rasterfeld von 7,20 x 7,20 m.
Träger und Deckenplatten variieren in der Länge zwischen 6,00 m, 7,20 m und 8,40 m. Je nach Anforderung kann die Ausrichtung der Deckenelemente wechseln.

The system is based on the side length of the square column head (1.20 m), from which the basic grid dimension (7.20 x 7.20 m) is derived.
The beams and floor slabs can be manufactured to lengths of 6.00 m, 7.20 m and 8.40 m. The direction of the floor elements can be varied according to needs.

Il sistema è coordinato sulle dimensioni della parte terminale quadrata del pilastro (1,20 m) e si organizza secondo una griglia modulare di 7,20 x 7,20 m.
Travi e tegoli variano in lunghezza tra le misure di 6,00 m, 7,20 e 8,40 m. e l'orditura degli elementi di copertura può essere modificata in rapporto alle esigenze.

**Mehrzweck-Bausystem
Multi-purpose
construction system
Sistema costruttivo
pluriuso
Briona 72
Giussano, Milano
(1977)**

Charakteristisches Element von Briona 72 sind die Betonfertigteile als Abschluß der Dachkante. In Verbindung mit dem freigestellten Tragwerk wird bei diesem System Mangiarottis intensive Beschäftigung mit dem klassischen Motiv des Trilithen und der Suche nach steter Neuinterpretation besonders anschaulich.

The precast concrete fascia elements along the edge of the roof are a distinguishing feature of the Briona 72 system. Mangiarotti's preoccupation with the classical trilith and his search for new interpretations of this theme are particularly evident in the design of the exposed load-bearing structure of this system.

Componenti molto caratteristici del sistema Briona 72 sono le velette del cornicione. Inoltre con l'arretramento della parete perimetrale rispetto alla struttura Mangiarotti dichiara il proprio impegno per il tema classico del trilite e per la sua reinterpretazione.

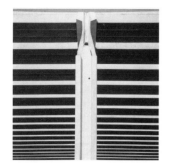

Bausystem / Construction system / Sistema costruttivo Facep
Ausstellungsraum und Werkhalle / Showrooms and workshop / Edificio industriale ed esposizione
Bussolengo, Verona (1976)

G. Ballio, G. Colombo, A. Vintani (Statik / Structural engineering / Calcolo delle strutture)

Auch das in Bussolengo realisierte Bausystem war für verschiedene industrielle Anlagen konzipiert. Neben großen stützenfreien Flächen und guter Tageslichtversorgung sollte das System horizontal einfach erweiterbar sein. Der Gebäudestruktur ist ein rechteckiges Raster von 10,60 x 20,00 m zugrunde gelegt.
Die Stützen mit durchlaufendem H-förmigen Querschnitt (Kantenlänge 60 cm), sind eingespannt und haben eine lichte Höhe von 4,95 m. Den Stützenkopf bildet ein 31 cm langer Dorn, dessen Profil dem Querschnitt des gespreizten Trägersteges als komplementäre Form entspricht. Er dient zur Kippsicherung. Die Stützen wurden in einer kunststoffbeschichteten Sperrholzschalung betoniert, wodurch sich eine besonders glatte Oberfläche erzielen ließ. Der 1,30 m hohe Träger überbrückt 20,00 m und wird durch 28 Spanndrähte vorgespannt. Durch den Stützendorn wird er in Position gebracht. Der Träger steht mit beiden 'Beinen' auf den Flanschen der Stützen. Der Querschnitt nach dem Prinzip eines umgekehrten Y gliedert sich in einen hammerkopfförmigen Obergurt und einen gespreizten Untergurt, in dem die Spannkabel verlauten. Die Fertigung erfolgte auf einer 80 m langen Produktionsbank. Die π-förmigen Rippenplatten, Breite 2,49 m, überspannen 10,00 m bei einer Plattendicke von nur 3,5 cm; an den Schmalseiten sind die Auflager bis auf 10 cm verstärkt. Betoniert wurden diese Deckenplatten in Schalformen aus Stahl. Zur gleichmäßigen Tageslichtausleuchtung des Gebäudes sind die Elemente jeweils um eine Drittelbreite auf Abstand gesetzt. Der Spalt wird mit einem Oberlichtband überdeckt. Die opaken Flächen der Fassade bestehen aus vorgefertigten Stahlbetontafeln. Die Verglasung wurde in Pfosten und Pfosten-Riegelkonstruktion eingebaut.
Der Träger mit seiner ausgeprägten Figürlichkeit, die sich wesentlich aus bautechnischen Überlegungen ableitet, verleiht dem System eine starke, architektonische Signifikanz.

The construction system realized in Bussolengo was also conceived for a number of different industrial situations. As well as allowing the creation of large, column-free spaces with good daylighting, the system was designed to be horizontally extendible in a simple form. The structure of the building is based on a rectangular modular grid with dimensions of 10.60 x 20.00 m. The columns, with a continuous H-shape cross-section and a side width of 60 cm, are rigidly fixed at the base and allow a clear height of 4.95 m. The column head is in the form of a spur 31 cm long, which fits between the splayed legs of the beam.
The joint serves to resist overturning. The concrete columns were cast in plastic-coated plywood forms that ensured a particularly smooth finish. The beams, 1.30 m deep, span a width of 20 m and are prestressed with 28 cables. The beams are positioned by means of the column spur, and stand with both legs on the shoulders or flanges of the columns. In cross-section, the beam is based on an inverted Y-form and is articulated at the top into a T-section upper chord in which the stressing cables are housed. The beams are manufactured on an 80-metre-long production bench. The π-section ribbed slabs, 2.49 m wide and only 3.5 cm thick, span a distance of 10.00 m. At the narrow ends, the seatings are thickened to 10 cm. The floor slab elements were cast in steel forms. To allow an even distribution of daylight within the building, the roof slabs are spaced apart, leaving slits between elements a third of the width of the slabs themselves. These linear openings are covered with strip roof lights. The closed areas of the outer walls are constructed with precast concrete panels. The areas of glazing are supported by posts or a post-and-rail construction.
The striking form of the beams - largely the outcome of constructional constraints - lends the system its own distinctive architectural character.

Anche il sistema costruttivo realizzato a Bussolengo è stato concepito per diversi impianti industriali. Accanto all'esigenza di garantire grandi superfici libere da ingombri strutturali e buona illuminazione naturale, il sistema avrebbe dovuto soprattutto essere ampliabile orizzontalmente. La maglia strutturale si basa sulle dimensioni di un rettangolo di 10,60 x 20,00 m. I pilastri con sezione ad H (lato di 60 cm) sono incastrati alla base e misurano 4,95 m in altezza. L'estremità superiore del pilastro si rastrema in un perno (31 cm) il cui profilo corrisponde all'incavo inferiore della sezione costante della trave originata dalla divaricazione di due ali. La funzione del perno è quella di impedire il ribaltamento. La superficie molto liscia dei pilastri è stata ottenuta con l'impiego di casseforme rivestite. La trave principale ha una altezza di 1,30 m, copre una luce di 20,00 m ed è precompressa con 28 trefoli. Per mezzo del perno che si trova sul pilastro, la trave è facilmente posizionabile con le 'gambe' sulla testa del pilastro. La sua sezione ad Y capovolta si compone di un corrente superiore a forma di fungo e di due ali divaricate nelle quali corrono i trefoli. Il getto della trave si è svolto su un banco lungo 80 m.
I tegoloni nervati con sezione a π misurano 2,49 m in larghezza e coprono una luce di 10,00 m con uno spessore di soli 3,5 cm; le mensole laterali hanno uno spessore di 10 cm. I tegoloni sono stati gettati in casseforme di metallo. Per ottenere una illuminazione naturale uniforme degli ambienti interni tra un tegolone e l'altro è stato lasciato uno spazio uguale ad un terzo della loro larghezza, da ricoprire con lucernari continui. I tamponamenti esterni opachi sono realizzati con grandi pannelli in c.a. mentre le superfici vetrate hanno una struttura a montanti e montanti-traversi. La trave, con il suo profilo pronunciato, che nasce soprattutto da deduzioni di carattere costruttivo, conferisce al sistema un forte segno architettonico.

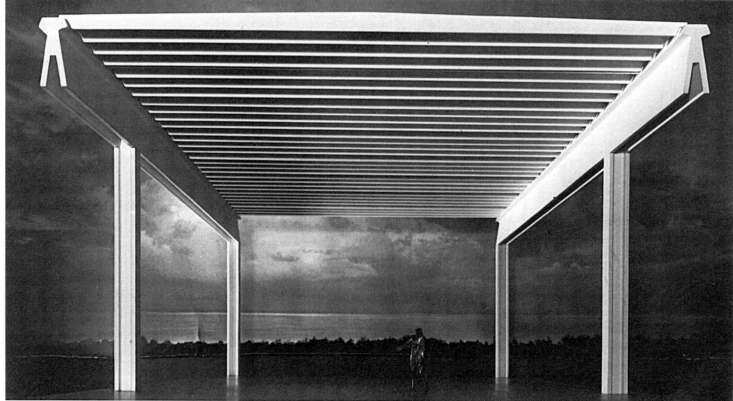

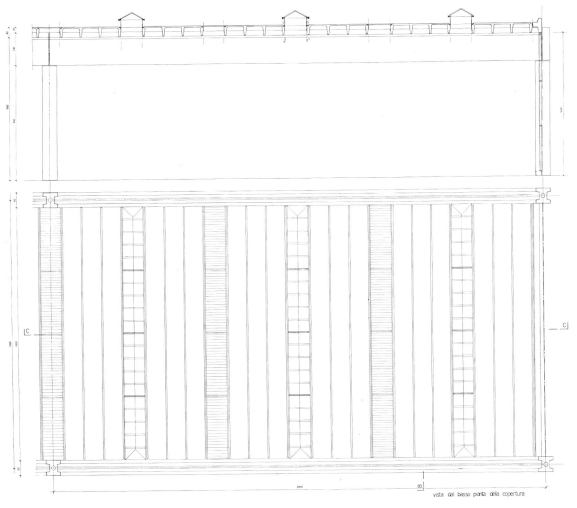

vista dal basso pianta della copertura

**Bausystem
Construction system
Sistema costruttivo
Facep
Bussolengo, Verona
(1976)**

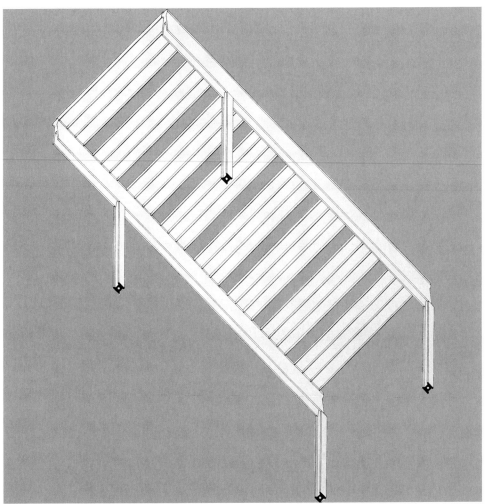

Das System setzt sich aus der H-förmigen Stütze, den gespreizten Trägern sowie den schlanken Rippenplatten zusammen. Analog zu dem Bausystem in Lissone entsteht ein spannungsvolles Verhältnis zwischen den schlanken Traggliedern und den dünnen Deckenplatten. Über einem Rasterfeld von 10,60 x 20 m, sind die Dachelemente zur Tageslichtversorgung versetzt angeordnet.

The system comprises H-section columns, inverted Y-beams with splayed legs, and thin, ribbed floor slabs. As in the constructional system used in Lissone, a striking relationship also exists here between the slender load-bearing members and the thin floor slabs. The roof slabs in each grid bay (10.60 x 20 m) are spaced apart to create roof-light strips over the full length. In this way, an even distribution of daylight is ensured.

Il sistema si compone del pilastro con sezione ad H, della trave a sezione divaricata e dei sottili tegoloni nervati. Analogamente a quanto avviene nel sistema di Lissone il rapporto dimensionale tra gli elementi portanti e quelli di copertura carica di tensione la struttura. All'interno della campata (10,60 x 20,00 m) i tegoloni sono disposti distanziati per permettere una buona illuminazione naturale interna.

**Bausystem
Construction system
Sistema costruttivo
Facep
Bussolengo, Verona
(1976)**

Während die Stützen in kunststoffbeschichteter Holzschalung und die Deckenplatten in Stahlformen gegossen wurden, erfolgte die Vorfertigung der Träger auf einer Produktionsbank im Werk.
Nach der Fertigstellung des Rohbaus wird, unterstützt durch die Oberlichtbänder, die Klarheit und Eleganz der Teile und der Gesamtform sichtbar.

The columns were cast in plastic-lined plywood forms, the roof slabs in steel forms. The beams were manufactured on a production bench 80 m long. On completion of the carcass structure, the clarity and elegance of the individual elements and the overall form become evident, articulated by the top-light strips.

I pilastri sono stati gettati in casseforme di legno rivestite di materiale sintetico, i tegoli in casseforme metalliche mentre la realizzazione della trave è stata eseguita su un banco di prefabbricazione.
La chiarezza espressiva e l'eleganza degli elementi risaltano nella struttura non finita anche grazie alla disposizione dei lucernari.

**Bausystem
Construction system
Sistema costruttivo
Facep
Bussolengo, Verona
(1976)**

Die Anschlußebene der Außenwand liegt in Stützenachse; im Bereich des Trägers schließen Sonderformate die Fassade. In der Fassade spiegelt sich durch die geschoßhohe Verglasung und die schlanken Profile der betont reduzierte, lineare Ausdruck des Gebäudes.

The plane of the façade is aligned with the column axes. Special infill panels are used for the abutments with the beams. The concise, linear expression of the building is accentuated by the storey-height glazing and the slender dimensions of the façade sections.

Il piano dei tamponamenti perimetrali è posto in corrispondenza dell'asse dei pilastri. Nella zona della trave l'involucro è realizzato con pannelli di forma particolare. Le superfici vetrate che si estendono fino all'intradosso della copertura e le snelle proporzioni degli elementi portanti fanno risaltare sul fronte il carattere essenziale e lineare dell'edificio.

Wohnhäuser in Teilvorfertigung / Housing in a partially prefabricated form of construction / Edifici residenziali parzialmente prefabbricati
Monza (1972); Arosio, Como (1977)

G. Ballio, G. Colombo, A. Vintani (Statik / Structural engineering / Calcolo delle strutture)

Das Wohnhaus in Monza ist achtgeschossig, das in Arosio sechsgeschossig ausgeführt. Der Zugang erfolgt jeweils über ein abgesenktes Eingangsgeschoß mit Hausmeisterwohnung und verglaster Lobby. Der Grundriß ist auf einem Planungsmodul von 32 cm entwickelt; die Stützenstellung variiert, je nach Anforderungen aus der Raumorganisation.
Das Tragwerk ist ein Stahlbetonskelett, aus wirtschaftlichen Gründen in Ortbeton gegossen, mit durchgehenden, aussteifenden Kernen, in denen die vertikale Erschließung (Treppen und Aufzüge) untergebracht ist.
Die Fassade besteht aus opaken und transparenten Bauteilen mit einer Breite von 95 cm. Bei den geschlossenen Flächen sind es Fertigteile (d = 28 cm) mit Kerndämmung, die auf die Deckenplatte aufgesetzt werden; raumseitig ist zusätzlich eine Mauerschale angeordnet. Die offenen Flächen bestehen aus einer Verglasung mit Holzrahmen und seitlich in die Laibung faltbaren, geschoßhohen Fensterläden; die Rahmen werden auf ein Fertigteil aufgesetzt, welches in Verbindung mit der Deckenblende der opaken Elemente ein geschoßweise, umlaufendes Band als horizontales Gliederungselement bildet. Die Betonoberflächen strukturiert ein feinkörniges Steingranulat aus Vicenza.
Das Konzept der Wohnungsbauten basiert auf dem Ziel, Wirtschaftlichkeit mit einem hohen Maß an Flexibilität in der Nutzung zu verbinden. Zum einen ermöglicht das Stahlbetonskelett eine relativ freie Organisation der Grundrisse, zum anderen erlaubt die aus vorgefertigten, austauschbaren Elementen bestehende Fassade eine auf die Bewohner individuell abgestimmte Anordnung. Mangiarotti ging es auch bei der Entwicklung dieser Bausysteme und ihrer Anwendung für den konkreten Fall um weitgehende Offenheit für die "Wünsche und Vorstellungen der späteren Nutzer", ein Konzept, das sich im Bereich der Gebäudehülle und Baukörpergliederung deutlich ablesen läßt.

The housing block in Monza is eight storeys high; that in Arosio is six storeys high. Access in both cases is via a sunken entrance level that contains a caretaker's flat and a glazed lobby. The layout is based on a modular dimension of 32 cm. The column axes vary according to the needs of spatial organization. The load-bearing structure consists of a reinforced concrete skeleton frame, cast in-situ for economic reasons, with continuous vertical access cores (stairs and lifts) providing additional bracing.
The façade is constructed with transparent and solid elements, both of which have a modular width of 95 cm. The closed areas consist of precast concrete slabs 28 cm thick with a core layer of insulation. These elements are supported by the floor slabs. On the inner face is an additional skin of brickwork. The transparent areas of the façades consist of timber-framed glazing, with folding, storey-height shutters in the reveals of the openings. The frames are fixed to prefabricated floor fascia strips. In combination with the bottom sections of the solid elements, which cover the edges of the floors, the fascia strips form continuous horizontal bands around the building that articulate the individual storeys. The concrete surfaces are textured with a coating of fine stone granules from Vicenza.
The concept on which these housing developments were based sought to combine economic forms of construction with a high degree of flexibility in use. The reinforced concrete skeleton frame allows a relatively free layout; and the use of prefabricated façade elements that can be removed and exchanged permits the individual requirements of residents to be met.
In the development and application of these construction systems, Mangiarotti was concerned with allowing as much scope as possible for the "wishes and ideas of subsequent users". This concept is clearly legible in the outer skin of the building and in the articulation of the volume as a whole.

L'edificio per abitazioni di Monza conta otto piani, quello di Arosio sei. In entrambi i casi si accede attraverso il livello seminterrato dove sono collocati anche l'appartamento per il custode e una lobby vetrata. Le piante si organizzano seguendo un reticolo di coordinazione modulare di 32 cm; la posizione dei pilastri varia con la distribuzione interna degli alloggi. La struttura portante è in c.a gettato in opera per motivi economici e contiene quali unici ingombri fissi il blocco delle scale e degli ascensori, che fungono anche da irrigidimento statico. I tamponamenti perimetrali sono realizzati con elementi (opachi o trasparenti) di larghezza pari a 95 cm. Nel caso delle superfici opache si tratta di pannelli in c.a. prefabbricati (s = 28 cm) con camera interna di poliuretano espanso e contro parete interna in muratura tradizionale, appoggiati direttamente sulla soletta del piano. Le aperture sono realizzate con finestre a telaio di legno con ante esterne a pacchetto (dello stessa profondità della parete) ad altezza di piano; i telai sono montati su un elemento prefabbricato che in insieme con la veletta del pannello opaco crea una fascia marcapiano continua. La superficie esterna delle parti in cemento è in graniglia di pietra di Vicenza. La competitività economica associata alla grande flessibilità d'uso è il concetto che sottende i due progetti residenziali. Da una parte lo scheletro in c.a. permette una organizzazione relativamente libera delle piante, dall'altra la scelta di elementi prefabbricati intercambiabili per le pareti perimetrali dà modo di creare disposizioni individuali per ogni utente. Nello sviluppo e nell'applicazione concreta di questo sistema Mangiarotti si è preoccupato soprattutto delle "aspettative e dei desideri dell'utente", un concetto chiaramente leggibile nella configurazione delle pareti esterne e nella disposizione dei volumi.

**Wohnhäuser in Teilvorfertigung
Housing in a partially prefabricated form of construction
Edifici residenziali parzialmente prefabbricati
Monza (1972);
Arosio, Como (1977)**

Mit den gleichen Fassadenelementen wurden zwei sehr unterschiedliche Baukörpergeometrien verwirklicht. Während in Monza (oben) der Grundriß relativ kompakt aufgebaut ist, zeigt das fünf Jahre später realisierte Projekt deutliche Vor- und Rücksprünge in der Hülle.
Die Flexibilität in der Anordnung der Fassadenelemente läßt Freiraum für Nutzerwünsche; in einem vorgegebenen Rahmen entfaltete sich ein vielgestaltiges und doch stimmiges Ganzes.

Two quite different built volumes were realized with the same elemental façade system. In Monza (top), the layout is relatively compact. In contrast, the contours of the building in Arosio, erected five years later, reveal a number of pronounced projections and indentations. Flexibility in the arrangement of the façade elements allows scope for users' wishes. Within a given framework, it is possible to achieve a varied yet harmonious whole.

Con gli stessi componenti di tamponamento sono stati realizzati due edifici dai volumi molto differenti. Mentre la pianta della palazzina di Monza (in alto) è relativamente compatta, quella dell'edificio costruito 5 anni più tardi presenta evidenti sbalzi e rientranze.
La flessibilità con cui i pannelli si lasciano comporre permette di esaudire con facilità i desideri del futuro utente; all'interno di una cornice prestabilita il ventaglio di soluzioni che si articola è molto vario ma anche molto coerente.

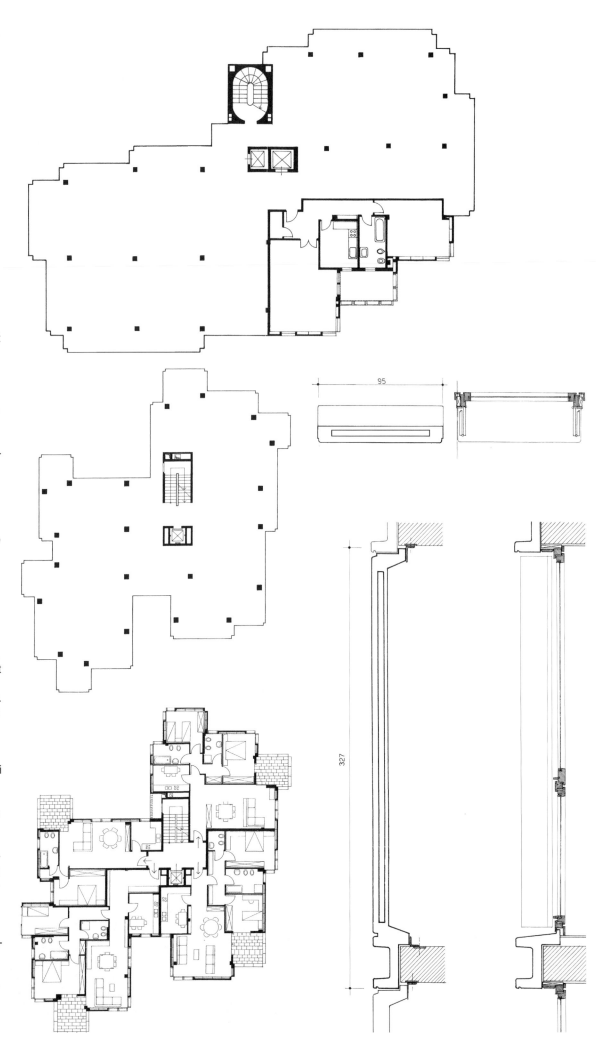

Lehrtätigkeiten / Teaching activities / Attività didattica

1953
- Gastdozent am Institute of Design des Illinois Institute of Technology in Chicago

1903
- Kurs am Istituto Superiore di Disegno Industriale, Venedig

1970
- Gastdozent an der University of Hawaii, Department of Architecture, Honolulu

1975
- Gastdozent an der École Polytechnique Fédérale de Lausanne

1976
- Gastdozent an der University of Adelaide, Fakultät für Architektur
- Gastdozent am South Australian Institute of Technology, Adelaide

1978
- Kurs an der Universitade do Sào Paulo, Fakultät für Architektur und Urbanistik, Sào Paulo

1982
- Lehrauftrag an der Università degli Studi di Palermo, Fakultät für Architektur, Palermo

1983
- stellvertretender Professor an der Università degli Studi di Firenze, Fakultät für Architektur, Lehrstuhl für architektonische Komposition, Florenz

1985
- Seminar an der Università degli Studi di Palermo, Fakultät für Architektur, Palermo

1990
- Lehrauftrag am Politecnico di Milano, Fakultät für Architektur, Mailand

1997
- Lehrauftrag am Politecnico di Milano, Fakultät für Architektur, Kurs für Industriedesign, Mailand

Preise / Prizes and awards / Premi

1947
- Preis beim Concorso Edilizia Moderna Arredamento Casa Minima

1052
- Erster Preis beim Premio Olimpiade della Cultura

1953
- Erster Preis beim Premio Centro Sviluppo Economico di Trieste

1956
- Premio Domus Formica

1957
- Goldene Medaille Villa comunale dell' Olmo in Como

1962
- Premio In/Arch der Lombardei
- Annerkennung Premio Aitec (italienische Vereinigung für den wirtschaftlichen, technischen Einsatz von Beton)

1963
- Premio Nazionale del Golfo di La Spezia per l'Industrial Design

1972
- Premio AIP (italienische Vereinigung der Fertigteilwerke) für Arbeiten im Bereich des industrialisierten Bauens

1979
- Prix Européen de la Construction Métallique

1986
- Medaille und Ehrendiplom der III. Biennale Mondiale di architettura in Sofia

1989
- Erster Preis beim Concorso Targa Alcan für den Einsatz von Aluminium in der Architektur
- besondere Anerkennung beim Premio Nazionale In/Arch 1989 für industriell hergestellte Bauelemente

1991
- Premio Design Plus für die Besteckkollektion und Tischobjekte "Ergonomica"

1994
- Compasso d'oro ADI (Associazione per il disegno industriale Friuli Venezia Giulia) für das Gesamtwerk
- Anerkennung im Rahmen des Marble Architectural Award 1994 für Projekte in Naturstein

Ausstellungen / Exhibitions / Mostre

1979
- "Cinquanta anni di architettura italiana dal 1928 al 1978", Mailand

1983
- Exposition du vingt-cinquième anniversaire des locaux du Club 44, La Chaux de Fonds
- "Il concetto di spontaneità nell'architettura industrializzata", Centre Georges Pompidou Paris

1985
- Monographische Ausstellung, Oslo und Trondheim

1986
- Alabasterskulpturen, Galleria Lorenzelli Mailand

1988
- "Poiesis" Holzskulpturen, Kirche San Carporforo Mailand

1989
- "Marmo. The New Italian Stone Age", California Museum of Science and Industry Los Angeles

1991
- "Angelo Mangiarotti. La seduzione della materia", Gift Florenz
- "Angelo Mangiarotti. Mostra sull'opera", Technische Hochschule Mailand

1998
- "Bausysteme von Angelo Mangiarotti", Technische Universität München

Werkverzeichnis / List of works / Catalogo delle opere

1948
- Mitarbeit an der VIII. Triennale in Mailand

1951
- Mitarbeit an der IX. Triennale in Mailand

1952
- Regie des Kurzfilms: "Posizione dell'architettura" Texte: A. Gatto, Musik: R. Malipiero

1953
- Serienmöbel in gebogenem Furniersperrholz

1954
- Inneneinrichtung eines Flugzeuges, USA
- Abgewandelte Konstruktion eines Corn Crib in Perrysburg, Ohio

1955
- Entwurf eines Hochhauses in Genua, via Cantore (mit B. Morassutti)
- Möbelsystem "Multi-use" (mit B. Morassutti)
- Klappbare Möbel (mit B. Morassutti)
- Uhrenserie "Secticon" (mit B. Morassutti)

1956
- Demontables Bausystem aus Stahl für eine Lagerhalle in Padua (mit B. und G. Morassutti)
- Behälter für tiefgefrorene Waren

1957
- Kirche Mater Misericordiae in Baranzate, Mailand (mit B. Morassutti; Statik: A. Favini)
- Wohnhäuser in San Martino di Castrozza, Trient (mit B. Morassutti)
- Wettbewerb INA-Casa, Wohnviertel Feltre in Mailand und Wohnviertel in Ferrara
- Elektrische Nähmaschinenserie, Fa. Salmoiraghi (mit B. Morassutti)
- Entwurf einer Klinik mit Schwesternheim in Udine
- Einrichtung "Club 44" in La Chaux de Fonds (mit B. Morassutti)

1958
- Apartmenthaus in Mailand, via Fezzan (mit B. Morassutti)
- Lagerhalle für Eisenwaren in Padua (mit B. Morassutti; Statik: A. Favini)

1959
- Wohnhaus in Mailand, via Quadronno (mit B. Morassutti; Statik: A. Favini)
- Wohnhaus in Mailand, via Gavirate (mit B. Morassutti; Statik: A. Favini)
- Entwurf eines Elektromotors, Fa. CGE
- Optische Geräte, Fa. Salmoiraghi
- Teilumbau der Einrichtung der Villa Schwob von Le Corbusier in La Chaux de Fonds (mit B. Morassutti)

1960
- Wettbewerb für die Sporthalle der "Fiera del mare" in Genua (Statik: Costruzioni Metalliche Finsider) 2. Preis
- Entwurf eines Außenbordmotors

1961
- Uhrenserie "Secticon C1"

- Entwurf einer Kühlschrankserie, Fa. Electrolux
- Entwurf einer Wohnsiedlung für Dirigenten in Piombino, Livorno
- Industriegebäude in Corsico, Mailand
- Entwurf eines Wasserturms in der römischen Landschaft (Statik: A. Favini)
- Entwurf eines Windkanals
- Studie zu einem Baukastensystem für Autokarosserien

1962
- Industriekomplex mit Produktionsstätten, Wohnungen und Büros in Marcianise, Caserta (Statik: A. Favini)
- Lampe aus massivem Perspex
- Bürogebäude und Lagerhalle in Mestre, Venedig (Statik: A. Favini)
- Entwurf für ein Eingangs-Auslegerdach einer Produktionstätte in Arese, Mailand
- Vasenserie aus gegossener und gedrehter Bronze

1963
- Ausstellungspavillon für die "Fiera del Mare" in Genua (Statik: Costr. Metalliche Finsider)
- Entwurf eines Industriegebäudes zur Lebensmittelvorbereitung, Cesena
- Sesselschale aus expandiertem Polystyrol mit Aluminiumfuß
- Entwurf der vorfabrizierten Stahlbetonstruktur "Yardleys" auf quadratischem Raster (Statik: G. Ballio, G. Colombo, A. Vintani)

1964
- Bausystem für ein Fabrikgebäude in Lissone, Mailand (Statik: A. Sbriscia Fioretti)
- Vorfabriziertes Stahlbausystem "Fly" für Häuser und Schulen
- Entwurf einer Industrie-Nähmaschine
- Keramikgefäße, Fa. Danese
- Möbelsystem "Multi-use", überarbeitet mit Aluminiumkanten

1965
- Uhr mit Gehäuse aus Stahlrohr, Fa. Portescap
- Entwurf eines Bausystems aus gebogenen und verzinkten Blechen
- Entwurf einer Brückenpassage aus Stahl in Mailand, Piazza Repubblica
- Tisch mit Mittelfuß aus gedrehter Bronze
- Entwurf eines Stahlbetontragwerks mit ringförmigen Rippen auf quadratischem Raster

1966
- Lampen "Saffo" und "Lesbo"
- Sessel aus glasfaserverstärktem Kunstoff
- Möbelsystem "Junior" und "Senior" aus zusammensteckbaren Sperrholzteilen
- Entwurf eines Tragsystems aus Holz
- Möbelfabrik in Rovellasca, Como
- Entwurf eines Stahlbetontragwerks für mehrgeschossige Gebäude
- Möbelsystem "4 D" mit massiven Kanten

- Tische aus verleimtem und gedrechseltem Holz

1967
- Baukastensystem für Schrankwände "Cub 8"
- Lampe "V su V" aus geblasenem Glas
- Vasen aus gedrehtem Marmor
- Sessel aus Polyurethan-Elementen
- Hakenförmige Glaselemente für zusammesetzbare Beleuchtungskörper "V+V"
- Deckenleuchtensystem "Cnosso"

1968
- Entwurf eines vorgefertigten Stahlbetontragwerks für eine Keramikfabrik
- Vasen aus geblasenen Glas
- Objekte aus vitreous china
- Einfamilienhaus in Marina di Pietrasanta, Lucca
- Ausbausystem "InOut" aus extrudiertem PVC
- Einfamilienhaus in Piadena, Cremona
- Gebäude für einen Autohändler in Domegliara, Verona
- Fabrikgebäude für die Fa. "Arm'Italia" in Cinisello Balsamo, Mailand (Statik: G. Ballio, G. Colombo, A. Vintani)

1969
- Modernisierung eines Ausstellungsgebäudes in Corsico, Mailand
- System zusammensetzbarer Haushaltsmöbel
- Bausystem für ein Industriegebäude in Alzate Brianza, Como, "U70 Isocell" (Statik: G. Ballio, G. Colombo, A. Vintani)
- Tisch mit Mittelfuß aus gedrehtem Marmor

1970
- System aus demontablen Aluminiumprofilen für Ausstellungsbauten
- Kelche aus Silber
- Entwurf eines Studios für eine Bildhauerin (Tragwerk aus vorgefertigen Spannbetonteilen)

1971
- Einfamilienhaus in Bardolino, Verona
- Ferienhaussiedlung in Murlongo, Verona
- Einfamilienhaus in Somma Lombardo, Como
- Tischsystem "Eros" aus aufeinandergesteckten Marmorelementen
- Vasen "Variazioni" aus gefrästem Marmor
- Entwurf eines Tragwerks aus vorgespannten Stahlbetonteilen für Industriebauten (Statik: G. Ballio, G. Colombo, A. Vintani)
- Außenleuchte "Cementa" in Stahlbeton

1972
- Wohngebäude in Monza, Mailand
- Vorfabriziertes Mehrzweck-Bausystem "Briona 72" (Statik: G. Ballio, G. Colombo, A. Vintani)

1973
- Schalen "Triplani" aus gebogenen Kristallplatten
- Tragwerk "Modulo 74" aus vorgespanntem Stahlbeton (Statik: G. Ballio, G. Colombo, A. Vintani)

1974
- Küchensystem mit integrierten Geräten
- Tisch aus Kristallglas und Metall
- Tische aus Kristallglas und Marmor

1975
- Kaffeeautomat
- Tische "De nôs" aus Massivholz
- Neue Inneneinrichtung für die Villa Schwob von Le Corbusier in La Chaux de Fonds
- Entwurf eines selbsttragenden Fassadenelements für mehrgeschossige Gebäude (Statik: A. Kunz)

1976
- Bausystem für eine Ausstellungshalle in Bussolengo, Verona (Statik: G. Ballio, G. Colombo, A. Vintani)
- Entwurf einer Megastruktur aus quadratischen Spannbetonelementen für die neue Messe Padua (Statik: G. Ballio, G. Colombo, A. Vintani)

1977
- Ausstellungsraum FEG in Giussano, Mailand
- Wohngebäude in Arosio, Como
- Möbelsystem "S 23" für den Haushalt
- Räumliches Tragsystem aus Stahl für eine Ausstellungshalle in Majano del Friuli, Udine (Statik: G. Ballio, G. Colombo, A. Vintani)

1978
- Bürohaus in Majano del Friuli, Udine (Statik: G. Ballio, G. Colombo, A. Vintani)
- Entwurf eines flachen oder gewölbten Stahltragwerks für mehrgeschossige Gebäude
- Tischsystem "Incas" aus aufeinandergesteckten Marmorelementen
- Lampe "Lara"
- Stuhl "Tre 3"
- Eingangsgebäude für ein Fabrikgelände in Giussano, Mailand
- Möbelsystem "S23"

1979
- Möbelsystem "Multi-use" mit Aluminiumkanten
- Objekteserie
- Marmortische mit exzentrischem Fuß
- Bürostuhl aus expandiertem Polystyrol
- Trennwandsystem mit Eckverbindungen aus Aluminium
- Lampen "Egina" und "Alola"

1980
- Sanitäre Objekte
- Entwurf für eine Kollektion von Sitzmöbeln
- Karaffe, Becher und Vasen aus Silber (ausgestellt im Museum of Modern Art, New York)
- Stuhl "Chicago" aus glasfaserverstärktem Kunststoff
- Gartenlampe "Cerbero"

1981
- Entwurf für ein Theater als demontierbares Stahltragwerk
- Entwurf für ein Küchenmöbelsystem
- Beratung für das Küchenmöbelsystem "Abaco"
- Bücherregal "Estrual" aus extrudierten Aluminiumprofilen
- Tischserie "Asolo"

1982
- Industrie- und Bürogebäude in Turate, Como (Statik: G. Ballio, G. Colombo, A. Vintani)
- Entwurf für den Bahnhof "Milano Bovisa"
- Bahnhöfe "Milano Rogoredo" und "Milano Certosa" (Statik: G. Ballio, Carmelo Raffa, A. Vintani)
- Entwürfe für die Bahnhöfe "Garibaldi" und "Vittoria" der "Passante ferroviario", Mailand
- Untergrundbahnhöfe "Repubblica" und "Venezia" der "Passante ferroviario", Mailand (mit MM strutture e infrastrutture SpA; Statik: Rocksoil SpA)
- Entwürfe für Gegenstände aus Alabaster

1983
- Lampen aus Alabaster der Kollektion "Elias"
- Entwürfe für Hörsäle der Technischen Hochschule Mailand
- Obstschale aus Silber

1984
- Tische mit Fuß aus hitzebeständiger Keramik, Platte aus Kristallglas und Holz
- Tee- und Kaffeeservice aus Silber
- Entwurf eines geneigten Turms
- Entwurf eines Glockenturms
- Entwurf eines Tisches aus Bronze
- Tisch aus Holz und Kristallglas, zerlegbar
- Tisch aus ineinandergesteckten Marmorelementen
- Entwurf für ein "Office Automation System" (mit E. D. Bona)

1985
- Möbelserie für Tag und Nacht
- Büromöbel für Dirigenten
- Eßtisch und Regal "La Badoera"
- Einrichtung für ein Büromöbelgeschäft in Mailand
- Entwurf für eine Fußgängerbrücke
- Neue Serie von hakenförmigen Glaselementen
- Lampenserie aus Murano-Glas
- Tisch aus Kristallglas und Marmor
- Entwurf einer Überdachung für eine archäologische Stätte in Termini Imerese
- Tisch-Systeme "M4"
- Geldschrank
- Servierwagen
- Becher und Karaffe aus Silber

1986
- Glas "Ice-stopper" aus Kristallglas
- Lampen "Pericle" und "Paride"
- Entwurf einer Überdachung für eine Kläranlage
- Skulpturen "in-in" aus verleimtem Massivholz

1987
- Entwurf eines Stadions in Catania (Statik: G. Ballio, A. Vintani)
- Entwurf eines Stadions in Palermo (Statik: G. Ballio, A. Vintani)
- Kegelförmige Marmorstruktur "Cono-cielo"
- Möbelserie "Loico" aus Marmor
- Kerzenträger "Lucerniere" aus Kristallglas
- Eßtisch-Gegenstände "Olpe" aus Kristallglas
- Lampen mit Leuchtkörper aus Alabaster
- Entwurf eines Wohnhauses, Ragusa
- Entwurf von Bestecken für Behinderte
- Entwurf eines Doppelwohnhauses mit Geschäft, Ragusa
- Einfamilienwohnhaus in Arosio, Como
- Entwurf eines Handelsgebäudes, Alghero

1988
- Schreibtisch-Gegenstände aus Kristallglas
- Obstschale "Casta" aus Kristallglas
- Kerzenträger "Ergo" und "Lente" aus Kristallglas
- Kristallgläser "Bibulo" und "First Glass"
- Kristallglasbehälter "Eolo"
- Vasen aus geblasenem Glas
- Tischleuchte "Aida" und Hängelampe "Daisy" aus geblasenem Glas
- Lampe "Pergamo" aus Preßglas
- Lampe "Techne" aus Aluminium
- Lampen "Ventaglio" aus Alabaster
- Zusammensetzbare Säulen mit Stahlplatte

- Geldschrank mit Steinbasis
- Entwurf eines Messegeländes in Orzinuovi, Brescia
- Entwurf einer hydraulischen Flußregelung des Simeto, Catania (mit G. Ballio, A. Vintani, U. Majone, Studio Tau)

1989
- Ausstellungseinrichtung "Marmo. The New Italian Stone Age", Los Angeles
- Entwurf für zwei Wohnhäuser in Marina di Pietrasanta, Lucca
- Struktur "Volta prossima" aus Stahl und Marmor
- Tische "Eccentrico" und "More"
- Säule "Attesa"
- Blumenvasen "Primavera", "Autunno", "Inverno" aus Kristallglas
- Tee- und Kaffeeservice aus Porzellan

1990
- Wettbewerb für die Umstrukturierung des Oberhausener Bahnhofsgeländes
- Entwurf eines Bürogebäudes der Fa. Raggio di Sole in Fiorenzuola d'Arda, Piacenza
- Gasreduktionskabinen "Macconago" und "Canavese", Mailand
- Tee- und Geschirrservice
- Gläserserie "Touch Glass" aus Kristallglas
- Tische "Particolare" und "Quattrotto"
- Stuhl "59"
- Sitzblock "Clizia" aus Stein
- Eßtisch-Objektekollektion "Ergonomica"
- Eßtisch-Objekte "Olpeo", "Ebbro", "Ergo2", "Coppa Auspicale" aus Kristallglas

1991
- Entwurf eines Einfamilienwohnhauses (vorgestellt in der Ausstellung "Abitare Italia", Tokyo)
- Büro- und Ausstellungsgebäude in Carrara (Statik: G.Parodi, A. Vintani)
- Entwürfe für Gasreduktionskabinen in Cinisello Balsamo und Sesto San Giovanni, Mailand
- Entwurf für ein Beschilderungs- und Ampelsystem
- Obstschale aus Buntglas
- Vasen aus Silber
- Kelchserie "Bibulo" aus Kristallglas
- Ringträgerserie aus Kristallglas
- Vasen "Sella" und "Gioco" aus Kristallglas
- Wasserkessel und Kaffeekanne aus Stahl
- Prototyp für einen Tisch mit Platte aus Kristallglas und Stuhl aus Holz

1992
- Wettbewerb für das Porsche Zentrum in Salzburg
- Entwurf des "Silver House" (vorgestellt in der Ausstellung "Abitare Italia", Tokyo)
- Innenausbau der Untergrundbahnhöfe "Repubblica" und "Venezia" der "Passante ferroviario" Mailand
- Entwurf eines vorfabrizierten Stahlbetonpaneel-Systems für die Staatsbahn
- Wettbewerb ACEA für Straßenbeleuchtungs-Systeme
- Entwurf eines Straßenbeleuchtungs-Systems
- Handgriffserie
- Eßtisch-Objekte "Mesco" aus Kristallglas
- Glas "Biscuit" aus Kristallglas
- Kerzenträger "Gondola", "Orà", "Alter", "Nerì"

1993
- Industriegebäude in Giussano, Mailand (Statik: G. Ballio, F. Spinelli, A. Vintani)
- Glasschale und Flute "Vestale"
- Gläserserie "Goccia" aus Kristallglas
- Prototyp für Kirchenbänke aus gebogenem Furniersperrholz
- Versuche zur Produktion von bunten Holzpaneelen "Never the same"
- Tisch und Stuhl, Fa. Novikos

1994
- Beratung für die Fa. Llum
- Skulpturen aus bunten verleimtem Holz
- Entwurf einer Serie von dünnschichtigen Elementen aus Marmor
- Gasmeßkabine in Cascina Triulza, Mailand (mit Anna Mangiarotti)

1995
- Bahnhof "Villapizzone" der "Passante ferroviario" in Mailand (Statik: G. Ballio, A. Vintani)
- Skulptur "Omega" aus Bronze
- Skulptur "Esperimenti gravitazionali" aus Marmor
- Skulptur "Divenire" aus Marmor, hergestellt mit numerisch gesteuerter Schneidetechnologie
- Teekanne für Tisane, Fa. Faraone
- Vasen "Stelo", "Onda","Intermezzo" aus Kristallglas
- Blumentopf "Dialogo" aus Kristallglas
- Besteckbehälter "Duna 2" und "Duna 3"
- Entwurf für die Villa "Casa Giusti" in Poveromo, Massa Carrara
- Erdgasreduktionskabinen in Milano Bovisa (mit Anna Mangiarotti)
- Entwurf für den Miwa-Torinoko Country Club House in Ibaraki, Japan
- Entwurf für "Casa Yoshida" in Kurobe, Japan
- Entwurf eines Sportzentrums in Kurobe, Japan

1996
- Skulptur "Stele" aus Molfetta-Stein
- Skulptur "Futura memoria" aus Bronze
- Entwurf eines Ferienhauses für zwei Familien "La Vacanza" in Yamanashi, Japan
- Entwurf eines Zweifamilienhauses in Kyoto
- Lampenserie "Poesia"
- Bücherregal "Ypsilon"
- Sitzbank "Seatair"
- Entwurf einer Außenleuchte "Dumbo" mit Leuchtkörper aus Methylmetacrylat
- Entwurf für modulare Treppen aus Marmor

1997
- Eßtisch-Objekte aus formgeblasenem Glas

Schriften von / Publications by / Scritti di Angelo Mangiarotti

"Un nuovo brevetto per mobili in serie". In: Domus, H. 311, Okt. 1955, S. 44-48

"L'ambiente con mobili di serie". In: Domus, H. 324, Nov. 1956, S. 25-29

"Sul principio della continuità dei prospetti". In: Domus, H. 398, Jan. 1963, S.1-10

"La tradizione quale lezione di metodo nelle case del '700 in Val di Vedro".
In: Domus, H. 405, Aug. 1963, S. 47-50

"Struktur als Form". In: Bauen+Wohnen, Dez. 1974, S. 504-505

"Industrialisiertes Bauen und Nutzerbeteiligung. Wohnhaus in Monza". In: Bauen+Wohnen, Jun. 1977, S. 225-227

"L'immagine per le stazioni del passante ferroviario". In: Ingegneria ferroviaria. Rom 1983

In nome dell'architettura. Mailand 1987

"The Language of Materials in the Future Design". In: Design News, H. 197, 1988, S. 8

Disegnare il cristallo. Mailand 1991

"Form, Function, Material". In: The Norwegian Academy of Technological Sciences (Hg.): Design Theory and its Applications. Proceedings. Trondheim 1991

"La componente etica del progetto". In: Marisa Bertoldini (Hg.): L'atto progettuale. Mailand 1991

"Interview". In: M. Bertoldini, M. Calloni (Hg.): Pensare Milano. Intellettuali a confronto con la città che cambia. Mailand 1992, S. 162-163

"Architetture tecniche". In: Proporzione A, H. 1, Juni 1993, S. 26-28

"Silver House un sistema per abitare". In: Proporzione A, H. 1, Juni 1993, S. 54-57

"Pensiero e materia". In: l'Arca, H. 107, Sept. 1996, S. 2-3

"Sull oggettività del progetto di architettura". In: Guido Nardi (Hg.): Aspettando il progetto. Mailand 1997, S. 177-182

"Design and Architecture. The Present-day Situation". In: C&D The Regional Magazine of Architecture and Art, H. 109, vol. 28, S. 31-32

Veröffentlichungen über / Publications about / Pubblicazioni su Angelo Mangiarotti

Gerd Hatje: New Furniture. Teufen 1952, S. 25, 78, 85

Lisa Licitra Ponti, Enrichetta Ritter: Mobili e interni di architetti italiani. Milano 1952, S. 21, 29, 52-53, 54, 80, 90, 110, 124

Yuichi Ino, Schinj Koike (Hg.): World's Contemporary Architecture. Tokyo, 1953, S. 34-35

Roberto Aloi: Mobili tipo. Mailand 1956, S. 117

Wolfgang Clasen: New Furniture 4. Teufen 1958, S. 88-89, 116-117, 132-133, 147

"Un capannone industriale prefabbricato". In: Casabella, H. 30, Mär. 1958, S. 146-148

"Chiesa a Baranzate presso Milano". In: Casabella, H. 224, Feb. 1959, S. 19-24

"Una chiesa di vetro in Lombardia". In: Domus, H. 351, Feb. 1959, S. 1-8

"Club 44 in La Chaux de Fonds". In: Baukunst und Werkform, Jun. 1958, S. 312-314

"Glaskirche in der Lombardei". In: Baukunst und Werkform, Mär. 1959, S. 312-314

"Eglise de Baranzate". In: L'art sacré, H. 1-2, Sep.-Okt. 1959, S. 9-12

"Formen für Nähmaschinen". In: Baukunst und Werkform, Okt. 1959, S. 570

"Angelo Mangiarotti, Bruno Morassutti". In: Zodiac, H. 15, Mai 1959, S. 170-179

Karl Kaspar: New Furniture 5. Teufen 1960, S. 146-147

"Due case a San Martino di Castrozza". In: Domus, H. 365, Apr. 1960, S. 322

"In una villa di Le Corbusier". In: Domus, H. 368, Jul. 1960, S. 9-22

"Lagerhalle für Stahlprofile in Padua".
In: Bauen+Wohnen, Aug. 1960, S. 282-285

"Edificio meublé a Milano". In: Domus, H. 372, Nov. 1960, S. 11-22

Contemporary Architecture of the World 1961. Tokyo 1961, S. 64, 304

Paul Hofer: "Baranzate". In: Bauen+Wohnen, Mai 1961, S. 161-164

G. E. Kidder Smith: The New Architecture of Europe. Ohio, 1961, S. 191-196

"Angelo Mangiarotti and Bruno Morassutti". In: Architects' Year Book 10, London, 1962, S. 216-225

Ichiro Kawahara: "Angelo Mangiarotti". In: The Kentiku, Okt. 1962, S. 81-99

Michel Mortier: New Furniture. Teufen 1962, S. 90

Ivo Porto De Menezes: Arquitectura sagrada. Ouro Preto 1962, S. 44, Taf. 2

Luigi Beretta Anguissola: I quattordici anni del piano INA-Casa. Rom 1963, S. 214-217

Gillo Dorfles: Il disegno industriale e la sua estetica. Bologna 1963, Abb. 67-71, 76-81

"Tendenza alla progettazione industriale Angelo Mangiarotti". In: Pacco, H. 2-3, Sep. 1964, S. 10-17

"Padiglione per esposizione alla Fiera del mare di

Genova". In: Lotus Architectural Annual 1964-1965. Mailand 1964, S. 124-129
Ichiro Kawahara (Hg.): Angelo Mangiarotti 1955-1964. Tokyo 1964
G. E. Kidder Smith: Neuer Kirchenbau in Europa. Stuttgart 1964, S. 203-209
Teodora Olga Sammartini: "The Work of Angelo Mangiarotti and Bruno Morassutti 1955-1962". In: Architectural Design, H. 3, Mär. 1964, S. 140-151
"Angelo Mangiarotti". In: The Japan Architect, H. 2, Feb. 1965, S. 111-134.
Die Konstruktion. Prinzip der Erscheinungsform in der Architektur. Ausstellungskatalog. Wien 1965
"Mangiarotti's Technical Design Method". In: Kenchiku Bunka, H. 227, Sep. 1965, S. 94-101
Bruno Alfieri (Hg.): Lotus. Annuario dell'architettura d'oggi 1965-1966. Mailand 1965, S.72-75, 220-223, 224-225
"Furniture of Mangiarotti". In: The Kentiku, H. 11, Nov. 1965, S. 65-76
John Donat (Hg.): World Architecture 2. London 1965, S. 99-100, S. 106-109, 110-111
"A. Mangiarottis Strukturformen". In: Bygge-Kunst, Jul. 1965, S. 170-179
"La nuova copertura del deposito della società Poretti a Mestre". In: Industria italiana del cemento, H. 1, Jan. 1966, S. 25-34
ANICAP (Hg.): Realizzazioni italiane in cemento armato precompresso. 1966, S. 250-263
Enrico. D. Bona: "Un esempio di metodo e figuratività. Aspetti dell'opera architettonica di A. Mangiarotti". In: Casabella, H. 302, Feb. 1966, S. 48-61
Mario De Santis: "Prefabbricazione integrale valori architettonici in un edificio industriale a Lissone (Mi)". In: Industria Italiana del cemento, H. 4, Apr. 1966, S. 223-234
Teresa Muzio Mattei: "Mangiarotti serie junior". In: Domus, H. 439, Jul. 1966, S. 38-42
"Il sistema trilitico a struttura reticolare". In: Edilizia industrializzata, H. 1, Apr. 1967, S. 20-24
Alberto Galardi: Architettura italiana contemporanea 1955-1965. Mailand 1967, S. 36-37, 88-89
"Wohnungen, Büros, Mensa und Garderoben in Marcianise bei Caserta". In: Werk, Aug. 1967, S. 488
Enrico. D. Bona: "Razionalità sperimentale. Un padiglione esclusivamente in materie plastiche nel parco di Milano". In: Casabella, H. 325, Jul. 1968, S. 22-28
Enrichetta Ritter: Design italiano. Mobili. Mailand, Rom 1968, S. 160-161
Giulia Veronesi: Profili, disegni, architetti, strutture, esposizioni. Florenz 1969, S. 39-42, 123-124
Federico Zago: "Edificio industriale prefabbricato a Lissone". In: Federico Zago: Il cemento armato precompresso in architettura. Vicenza 1969, S. 3-22
Mario De Santis: "Integrale Vorfertigung. Industriegebäude in Lissone". In: Bauen+Wohnen, Jul. 1969, S. 254-257
"Angelo Mangiarotti conferma del trilite". In: Casabella, H. 352, Sep. 1970, S. 40-42
"Contenir, regarder, jouer". In: "Exposition des productions et éditions de Danese". Ausstellungskatalog. Paris 1970
"Il sistema In-Out disegnato da Mangiarotti". In: Domus, H. 493, Dez. 1970, S. 27-30
"Möbel und Innenausbau. In-out System". In: Bauen+Wohnen, Mär. 1971, S.115-116
"Analisi di un organismo prefabbricato dalle premesse progettuali alle fasi realizzative". Jul. 1971, S. 457-478
Michel Mortier: New Furniture 10. Teufen 1971, S. 30-92
Pier Carlo Santini: "L'avanguardia di Mangiarotti". In: Ottagono, H. 20, Mär. 1971, S.76-85
Global Interior 4. Tokyo 1972, S. 94-107
"Bausysteme für den Industriebau". In: Werk, Jun. 1972, S. 336-337
Giuliana Corsini: "Un cubo di cristallo con le ali". In: Casa Vogue, H. 16, Sep.-Okt. 1972, S. 50-55
Pier Carlo Santini: "Sulla sponda veneta del Garda". In: Domus, H. 511, Jul. 1972, S. 23-30
"Vorfabriziertes Beton-Bausystem". In: Bauen+Wohnen, Jan. 1973, S. 3
Carlo Cuscianna: "Prefabbricazione ed eleganza formale in uno stabilimento industriale a Cinisello Balsamo (Mi)". In: Industria Italiana del cemento, Sep. 1973, S. 557-572
Luciano Patetta: "Alcune opere recenti del professionismo milanese". In: Controspazio, H. 1, Jul. 1973, S. 67-98
Giulia Veronesi: "Architetture recentissime di Angelo Mangiarotti". In: Zodiac, H. 11, 1973, S. 147-157.
"Einfamilienhäuser Plan Domino 1973, Haus in Piadena". In: Bauen+Wohnen, Aug. 1974, S. 314-316
"Angelo Mangiarotti". In: Architecture and Urbanism, Sep. 1974, S. 67-88
"Strutture prefabbricate per uno stabilimento industriale ad Alzate Brianza (Co)". In: Industria Italiana del cemento, H. 2, Feb. 1975, S. 75-92
Ichiro Kawahara, et al.: Mangiarotti's Sumptuous World. Monographie. Space Design, H. 129, Mai 1975, S. 5-99
Giuliana Gramigna: "Un incontro A. Mangiarotti". In: Ottagono, H. 3, Okt. 1976, S. 76-81
Guido Nardi: Progettazione architettonica per sistemi e componenti. Mailand 1976, S. 134-135, 166-168, 179, 182-184, 193-194
Marina Rovera: "Intervento di Mangiarotti in un'opera giovanile di Le Corbusier". In: Casa Vogue, H. 63, Nov. 1976, S. 162-171
Ludovico Quaroni: Progettare un edificio, otto lezioni di architettura. Mailand 1977, Taf.118
Angelo Mangiarotti Architect 1956-74. Monographie.

Space Design, H. 10, Okt. 1978
"Ricostruzione in Friuli". In: Domus, H. 587, 1978, S. 14-19
Rolf Janke: Architektur Modelle. Stuttgart 1978, S. 71
Arthur Drexler: Transformations in Modern Architecture. Museum of Modern Art. Ausstellungskatalog. New York 1979, S. 70
Tihamer Koncz, Maurizio Mazzocchi, Erberto Tealdi: Prefabbricare architettura e industria delle costruzioni. Mailand 1979, S. 57, 70, 180, 181, 199
Guido Nardi: Tecnologia dell'architettura e industrializzazione nell'edilizia. Mailand 1979, Taf. 4-38
Pier Carlo Santini: Progettare con l'oro. Ausstellungskatalog. Florenz 1979, S. 66-67
Associazione Italiana prefabbricazione per l'edilizia industrializzata (Hg.): Repertorio 1980. Mailand 1980, S. 104, 105, 196, 197, 226, 227
Enrico D. Bona: Angelo Mangiarotti il processo del costruire. Mailand 1980
Vittorio Gandolfi: L'acciaio nell'architettura. Mailand 1980, S. 121, 170-171
Maurizio Grandi, Attilio Pracchi: Milano. Guida all'architettura moderna. Bologna 1980, S. 276, 316, 317, 378
Adolf Max Vogt: Architektur 1940-1980. Berlin 1980, S. 131, 137
"Alloggi su misura". In: Domus, H. 610. 1980, S. 46-47
Entwurf, Gegenstand, Bild. Italienisches Möbeldesign. Ausstellungskatalog (Köln). Mailand 1981, S. 146-147, 150, 246
Giovanna De Feo, Enrico Valeriani: Architetture italiane degli anni 70. Ausstellungskatalog. Rom 1981, S. 90-95
Eric Larrabee, Massimo Vignelli: Knoll Design. New York 1981, S. 184, 185, 186, 187
"Strutture prefabbricate per un edificio ad uso industriale e commerciale in Bussolengo". In: L' industria italiana del cemento, H. 11, S. 803-816
Architecture et Industrie. Ausstellungskatalog. Paris 1983, S. 80-82
Dal cucchiaio alla città nell'itinerario di 100 designers, Ausstellungskatalog (Mailand). Mailand 1983, S. 110-111
Marmo: tecniche e cultura. Mailand, 1983, S. 74-79.
Marc Emery: Furniture by Architects. New York 1983, S. 191-202
Luigi Galletti: Case costruite con metodi industrializzati. Mailand 1983
Luigi Galletti: Elementi e particolari in edilizia 4. Mailand 1983
Luigi Galletti: Ville seconda serie. Mailand 1983.
Vittorio Magnago Lampugnani (Hg.): Hatje-Lexikon der Architektur des 20. Jahrhunderts. Stuttgart 1983, S. 181
"Material und Form. Bauten in Bussolengo und Majano, Italien". In: Werk, Bauen und Wohnen, H. 10, 1983, S. 36-45
Kurt Ackermann: Industriebau. Stuttgart 1984, S. 106, 107, 120, 132, 133
Paolo Cariodalatri: Percorsi di architettura italiana. Rom 1984, S. 45
Das Abenteuer der Ideen. Katalog der Internationalen Bauausstellung. Berlin 1985, S. 243
Amedeo Belluzzi, Claudia Conforti: Architettura italiana 1944-1984. Bari 1985, S. 33, 35, 45, 52
Leonardo Benevolo: L'ultimo capitolo dell'architettura moderna. Bari 1985, S. 122
Renato De Fusco: Storia del Design. Bari 1985, S. 265, 279, 280, 301
Immobiliare Fiera di Vicenza (Hg.): Progetti per l'auditorium Centro Congressi. Vicenza 1985, S. 43-54
Pierluigi Molinari: Design e arredo urbano. Mailand 1985, S. 46
Lauritz Opstad: Angelo Mangiarotti. Sammenhenger. Ausstellungskatalog. Oslo 1985
Roland Ostertag: Angelo Mangiarotti. Ponte per pedone. Braunschweig 1985
Benedetta Spadolini: Riflessioni sull'industrial design. Rom 1985, S. 68-69, 70-71
Isa Vercelloni: L'arte di abitare secondo Casa Vogue. Mailand 1985, S. 118-121
Stahlbeton-Fertigteilbau. Bauten von Angelo Mangiarotti. Seminarbericht, Lehrstuhl Prof. Peter C. von Seidlein. Universität Stuttgart 1985
Angelo Mangiarotti. Seminarbericht, Lehrstuhl Prof. Rolf Schaal. ETH Zürich 1985
Emil Rysler, Jan Verwijnen: "Detail und Bild. Bauteile und ihre Beziehung zum Bild der Fassade". In: Bauen+Wohnen, Nov. 1985, S. 22-27
"Incontro con un protagonista: il design di Angelo Mangiarotti". In: Habitat Ufficio, H. 19, Apr. 1986, S. 14-27
Enrico D. Bona: Criteri generali a sei progetti. Genua 1986, S. 11, 85-94
Cesare Fera: Principi di progettazione e rassegna di interventi. Genua 1986, S. 146-147
Anna Mangiarotti: "Il linguaggio espressivo dell' edilizia industrializzata". In: Ornella Selvafolta (Hg.): Industria e terziario. Mailand 1986, S. 114-118
Cesare Columba, Anna D'Angelo: "L' architettura scende nelle stazioni". In: l'Arca, H. 12, Dez. 1987, S. 84-91
Barbara Gerosa: "Botta e risposta con Angelo Mangiarotti". In: Costruire per abitare, H. 56, Nov. 1987, S. 140-141
Mariaclara Goldschmiedt: "Mettere l'anima nella materia". In: Domino, H. 14, Aug.-Sep. 1987, S. 26-31
Walter Pagliero: "Fare l'architetto non l'artista". In: Casa oggi, H. 160, Okt. 1987, S. 20-27
Philippe Stark: The International Design Year Book 1987/1988. London 1987, S. 199
Emil Rysler: "Beiträge zur Baukonstruktion". In: Dokumentation Bullettin, Nr. 3 1988, S. 13-17
Enrico D. Bona: Mangiarotti. Genua 1988
Francesco Dal Co, Sergio Polano: "Angelo Mangiarotti". In: Italian Architecture 1945-1985. Tokyo 1988, S.100-101
Georg Küttinger, Harry Schopke: Beton im Wohnungsbau. Trostberg 1988, S. 26
Vittorio Magnago Lampugnani: "Mangiarotti". In: Encyclopaedia of 20th-Century Architecture, London 1988, S. 210-211
Giorgio Muratore: Italia. Gli ultimi trent'anni. Bologna 1988, S. 126, 129, 199, 223
Mario Vigiak (Hg.): Omnibook 4. Udine 1988, S. 211
"Geometrie utili. Design per la tavola". In: Casa Vogue, H. 210, Jul.-Aug. 1989, S. 87
Il chi è del mobile italiano. Mailand 1989, S. 95
Giuseppe De Giovanni: "Acciaio come obbedienza e trasgressione". In: Acciaio, H. 4, Apr. 1989, S. 191-192
Gillo Dorfles: "Tra architettura e scultura. I compensati cromatici di Angelo Mangiarotti". In: Casa & Giardino, H. 181, Jan. 1989, S. 24-25
Enzo Frateili: Continuità e trasformazione. Una storia

del disegno industriale italiano 1928-1988. Mailand 1989, S. 97

Laura Maggi: "In omaggio al marmo". In: Casa Vogue, H. 210, Jul.-Aug. 1989, S. 82

"Industrie- und Handelsgebäude in Bussolengo". In: Meinhard von Gerkan (Hg.): Flache Dächer. Köln 1989, S. 73-76

Sara Rossi: "Premi Nazionali In/Arch 1989 Sistema strutturale per l'Unifor, Turate, nel quadro dell'opera di Angelo Mangiarotti". In: L'architettura. Cronache e storia, H. 11, Nov. 1989, S. 814

Oscar Tusquets Blanca: The International Design Yearbook 1989/1990. London 1989, S. 91, 154

Bob Zielinski: "New Italian Stone Age Recognizes Natural Structural Qualities of Stone". In: Dimensional Stone, H. 4, Mai 1989, S. 34-36

"Die Architektur der Serienerzeugung". In: Architektur Aktuell, H. 139, Okt. 1990, S. 90-93

"Moi et chez moi. Progettare in Italia". In: Casa oggi, H. 191, Mai 1990, S. 60-65

Mario Bellini (Hg.): The International Design Yearbook 1990/1991. London 1990, S. 80

Andrea Campioli: "Il linguaggio della materia". In: l'Arca, H. 44, Dez. 1990, S. 68-75

Giorgio Ciucci, Francesco Dal Co: Architettura italiana del 900. Atlante. Mailand 1990, S. 204

Rosa Fonio: "Angelo Mangiarotti. Ricercando il materiale". In: Progetto ufficio, H. 5, Sep.-Okt. 1990, S. 40-41

Marina Jonna: "Il fascino del particolare". In: Maiora, H. 3, Mär. 1990, S. 38-39

Ilario Luperini: Volterra alabastro oggi. Ospedaletto 1990, S. 80, 84, 86-87

Carlo paganelli: "La città possibile. Nuove architetture e trasformazioni urbanistiche per Milano". In: Casa oggi, H. 191, Mai 1990, S. 10-13

"Giochi di rifrazione". In: AxA, Mai 1991, S. 65

"Angelo Mangiarotti". In: Casa oggi, H. 200, Apr. 1991, S. 106

"... Geschirr". In: Möbel design, H. 1, Jan. 1991, S. 96-97

"Sitzskulptur". In: Möbel design, H. 2, Feb. 1991, S. 34-35

Matilde Baffa: "Le stazioni del passante ferroviario di Milano un prototipo per una struttura architettonica complessa". In: AxA, Mai 1991, S. 22-29

Andrea Campioli "Angelo Mangiarotti". In: Gift, H. 39, Sep. 1991, S. 73-88

Luigi Galletti: Design. Ricerche. Schizzi preparatori ed esecutivi. Evoluzione di modelli. Procedimenti per le realizzazioni. Mailand 1991

Virgilio Vercelloni: "Angelo Mangiarotti. Disegnare il cristallo". In: Casa Vogue, H. 236, Dez. 1991, S. 65

"L'idea sedia. I dieci maestri". In: Arredorama, H. 226, Jan. 1992, S. 20-23

Andrea Campioli, Monica Luci: "Angelo Mangiarotti e la seduzione della materia. Una mostra nel Gift". In: Gift, H. 40, Jan. 1992, S. 57-64

Angelo Dragone: "Angelo Mangiarotti. Un architetto e designer tra logica e poesia". In: Gift, H. 40, Jan. 1992

Stefano Casciani: "Angelo Mangiarotti". In: L'architettura presa per mano. La maniglia moderna e la produzione Olivari. Mailand 1992, S. 38-41

Ugo La Pietra, Gabriella Barbieria (Hg.): Oggetti fatti ad arte. Ausstellungskatalog. Mailand, November 1992

Alberto Sposito: "Estetica e tecnologia". In: Demetra, H. 2, Jul. 1992, S. 8-17

Miriam Veronesi (Hg.): "Sistema integrato di elementi assemblabili per pareti attrezzate In-Out". In: Objets et projets. Ausstellungskatalog. Paris 1992, S. 75-78

"Una casa di luce". In: Chiesa oggi. Architettura e comunicazione, H. 5 Jul. 1993, S. 74-77

Il design degli oggetti. Ausstellungskatalog. XVII Premio Nazionale di arti visive città di Gallarate. Gallarate 1993, S. 77-84

"Stazione Repubblica del Passante Ferroviario di Milano". In: In costruzione. Sonderheft Casabella, H. 605, Okt. 1993, S. 56-57

Andrea campioli: "Virtuosismi di marmo". In: l'Arca, H. 77, Dez. 1993, S. 74-79

Ferdinando Cocucci: "Angelo Mangiarotti. Tecnologia e cultura del progetto". In: Proporzione A, H. 4, Jul. 1994, S. 10-11

Osami Hamaguchi: "Angelo Mangiarotti". In: JA House, H. 8, 1993, S. 3

Luca Mastropietro (Hg.): "Industria e progetto un dialogo da aprire. Da una conversazione con Angelo Mangiarotti". In: Proporzione A, H. 2, Nov. 1993, S. 4-7

"Italian Design Masterworks: 1960-1994". In: Neos, H. 1, 1994, S. 19

Aldo Colonnetti: "Angelo Magiarotti la componente etica del progetto". In: Campo, H. 8, 1994, S. 186-187

Enrico Morteo: "L'interno-abitacolo o dello spazio intermedio". In: Rassegna, H. 58, 1994, S. 73-79

Teruo Yokota: "L'essenza costruttiva dei materiali lapidei". In: Stones New Creative Magazine, H. 1, Jan. 1994, S. 10-17

Robert Stadler: "Experimente in Marmor". In: Naturstein Architektur, H. 5, Mai 1994, S. 60-61

Regione Toscana (Hg.): Internazionale Marmi e Macchine Carrara, Marble Architectural Awards 1994. Carrara 1994, S. 14-21

Robert Stadler: "Mehr Funktion". In: Naturstein Architektur, H. 2, Feb. 1994, S. 21-23

Paolo Balanzelli: "Angelo Mangiarotti. Una Casa e il suo camino sulla sponda del Garda". In: Il camino, H. 58, Mär. 1995, S. 74-77

Stane Bernik (Hg.): Designer's Drawings. Rijeka 1995, S. 68-69

Andrea Campioli: "Granito struttura". In: l'Arca, H. 96, Sep. 1995, S. 68-71

Michele Capuani: "Angelo Mangiarotti e la materia". In: Ottagono, H. 115, Jul.-Aug. 1995, S. 98-105

Almerico De Angelis: "Oggetti smarriti". In: Il Giornale dell'arredamento, H. 7, Jul. 1995, S. 70-75

Alessandra Evangelisti: "Uffici come show room". In: Habitat Ufficio, H. 75, Aug.-Sep. 1995, S. 56-57

Mario Guaglio: "Incontro con Angelo Mangiarotti. Andare contro la cultura dei padri". In: Giornale Promosedia, H. 2, Aug. 1995, S. 27-28

"Industriegebäude in Bussolengo". In: Beton Atlas. München 1995, S. 258-259

Enrico Mandolesi: Stichwort "Prefabbricazione". In: Enciclopedia Italiana di Scienze Lettere ed Arti. Rom o.J., Anhang V, IIII, S. 253, Taf. XLIV

Anna Mangiarotti: Le tecniche dell'architettura contemporanea. Evoluzione e innovazione degli elementi costruttivi. Mailand 1995, S. 38-45, 129-131

Maurizio Vitta: "Noblesse Oblige. Silver Infusions". In: l'Arca, H. 93, Mai 1995, S. 86-88

Carlo Paganelli: "Quell'astronave a tre cilindri". In: l'Unità, 11 nov. 1995, S. 25

"Angelo Mangiarotti". In: Industrial Design Review 1996. Mailand 1996, S. 298

Isabella Doniselli: "Angelo Mangiarotti: la ricerca progettuale per la vita quotidiana". In: Costruzioni metalliche, H. 1, Jan.-Feb. 1996, S. 14-15
"Architect A. Mangiarotti's Homogeneity of Details and the Abundance in their Variety". In: Tokyo. Hope and Recovery. Urban Civilization and Environment. Monographie. In: Process Architecture, H. 129, Mär. 1996, S. 130
Daniele Baroni: "Soluzioni funzionali". In: Ottagono, H. 118, Mär.-Mai 1996, S. 78-83
Osami Hamaguchi: "Angelo Mangiarotti + Alberto Vintani, Internazionale Marmi e Macchine Center". In: The Kenchiku Gijutsu, H. 555, Jul. 1996, S.146-150
Andrea Campioli: "Oltre l'estetica". In: l'Arca, H. 105, Jul. 1996, S. 82-83
Vanni Pasca: "Furniture design e progetto industriale". In: Interni H. 461, Jul. 1996, S. 98-110
Marcus Nagel: Angelo Mangiarotti. Lissone, Bussolengo, Turate. Stuttgart 1996
Francesca Picchi: "Progetto della libreria Ypsilon". In: Domus, H. 785, Sep. 1996, S. 60-61
Mario Arnaboldi: "Il restauro della modernità". In: l'Arca, H. 107, Sep. 1996, S. 4-5
Danilo Premoli: "Angelo Mangiarotti, architetto e designer". In: OFX Office International, H. 32, Sep.-Okt. 1996, S. 56-61
ADI (Hg.): Angelo Mangiarotti e la cultura del design. Udine 1996
Alfredo Pozzi: "Angelo Mangiarotti e la cultura del design". In: Giornale Promosedia, H. 1, Jul. 1996, S. 11-15
Katsuhito Atake: "Mi piace Mangiarotti". In: Shinkenchiku, H. 11, Nov. 1996, S. 85
"Angelo Mangiarotti". In: Zodiac, H. 16, Sep. 1996 - Feb. 1997, S. 144 -147
Carlo Paganelli: "Abstractions biomorphes. Never the Same. In: l'Arca International, H. 13, Mai 1997, S. 78-79
Guido Nardi: Angelo Mangiarotti. Rimini 1997
Roland Krippner: "Die Sprache des Systematischen. Bausysteme aus Stahlbeton von Angelo Mangiarotti". In: Detail, H. 5, Jul.-Aug. 1998, S. 776 -779

Literaturquellen / Bibliography / Note bibliografiche al testo

Thomas Herzog
Anmerkungen zu / Notes on /
Annotazioni su Angelo Mangiarotti
Aus der Laudatio anläßlich der Verleihung der Ehrendoktorwürde durch die Technische Universität München am 09. Juli 1998

Angelo Mangiarotti
Architektur heute / Architecture today /
Architettura oggi
Vgl. Enrico D.Bona, 1988, S. 8 - 11
Dt. Übersetzung: Redaktion und Herausgeber

Projekte / Projects / Progetti
Vgl. "Glaskirche in der Lombardei", 1959, S. 146 - 148
Paul Hofer, 1961, S. 161 - 164
Mario de Santis, 1969, S. 254 - 257
Vorfabriziertes Beton-Bausystem, 1973, S. 3
Angelo Mangiarotti, 1977, S. 225 - 227
Enrico D. Bona, 1980
Stahlbeton-Fertigteilbau. Bauten von Angelo Mangiarotti. Seminarbericht 1985
Angelo Mangiarotti. Seminarbericht 1985
Enrico D. Bona, 1988
"Industrie und Handelsgebäude in Bussolengo", 1989, S. 73 - 76
"Die Architektur der Serienerzeugung", 1990, S. 90 - 93
Beton Atlas, 1995, S. 258 - 259
Guido Nardi, 1997

Anhang / Appendix / Appendice
Vgl. Enrico D. Bona, 1980
Guido Nardi, 1997
Die Liste der Veröffentlichungen über Angelo Mangiarotti stellt eine repräsentative Auswahl dar.

Abbildungsnachweise / Photo credits / Referenze fotografiche

Abb. S. 7, 8, 39 oben, 60 unten
Enrico D. Bona, 1980, Abb. 48, 24, 83, 144
Abb. S. 4, 10
Verena Herzog-Loibl, München
Abb. S. 13, 15, 32 unten, 42 mitte
Nardi, 1997, Abb. 128, 59, 45, 5
Abb. S. 36 oben, 36 unten
Domus, No. 418, September 1964, S. 9
Abb. S. 38 unten rechts, 40 oben, 40 unten rechts
Domus, No. 444, November 1966, S. 4, 5, 7
Abb. S. 40 mitte
Mario de Santis, 1969, S. 255
Abb. S. 69 unten
Georg Küttinger, Harry Schoepke 1988, S. 26

Die übrigen Fotografien und Zeichnungen stammen aus dem Archiv von Angelo Mangiarotti, Mailand